日仏対訳

クリスマスの3つの物語

TROIS CONTES DE NOËL

IBCパブリッシング

❉ 装幀・イラスト ❉
菊地 玲奈

❉ 協力 ❉
〈チーム白百合〉小川実優 興石せりか 昆ゆみ 吉田怜美 石森絵里香 林亜幸子 米田祥子
小原 花 小城 智子 中田 美咲 益邑 沙季（青山学院大学大学院）

❉ コーディネート ❉
高野 優

はじめに

　クリスマス物語の定番と言えば、ディケンズの『クリスマス・キャロル』やオー・ヘンリーの『賢者の贈り物』、アンデルセンの『マッチ売りの少女』、ウィーダの『フランダースの犬』、ケストナーの『飛ぶ教室』、オーデンの『だれが鐘をならしたか』などがすぐに頭に思い浮かぶ。けれども、上の作品のなかにフランスの作家が書いたクリスマス物語は入っていない。

　そこで、IBCパブリッシングの賀川京子氏から、日仏対訳シリーズの1冊として、フランス語で書かれたクリスマスの物語を出版したいとお話があった時、どういった基準で作品を選んでいくかと、賀川氏を始め、白百合女子大学の西村亜子先生、翻訳家の坂田雪子氏と相談した結果、定番作品の仏訳もよいが、まずはフランスの作家が書いたクリスマス物語を探してみようということになった。ただ心配は、収録できそうな長さと内容の短篇がどのくらいあるかということだった。

　だが、その心配は杞憂に終わった。調べてみると、西村先生から推薦のあったアナトール・フランス、モーパッサン、ドーデ、ヴェルヌなど19世紀の文学者の作品のほかに、20世紀の作家ではモーリアックやマルセル・エメ、ジョルジュ・シムノンの作品、そして21世紀の現代の作品に至るまで、30篇くらいの短篇がたちどころに集まったのである。内容も、『マッチ売りの少女』や『だれが鐘をならしたか』のような、いかにもクリスマス物語らしいものを筆頭に、ほのぼのとした子供のためのお話からペーソスに満ちた大人のための物語まで、おごそかな作品からユーモア小説ま

で、ミステリから文学作品までヴァラエティに富んでいた（なかにはマルセル・エメの贋作もあって、これは最初、エメの作品だと思って有力な候補にしていたのだが、詳しく調べてみると、贋作だということがわかってあきらめることにした）。

　そういったヴァラエティ豊かな作品のなかから、収録作品を決める作業としては、まず候補作品のレジュメをつくり、賀川氏のご意見を伺いながら、西村先生に3つの作品を選んでいただいた。詳しくは各作品のあとに西村先生の解説を載せるが、ここで簡単に紹介すると、イエスの誕生のおりに東方から礼拝にやってきた三博士のひとりであるバルタザールの若き日の姿を描いたアナトール・フランスの『バルタザール』、クリスマスの夜に亡くなって天国に行く少女の静謐(せいひつ)な喜びを描いたアナトール・ル＝ブラースの『マルトのクリスマス』、そして、クリスマスのご馳走にありつきたい一心でミサを早めにあげる司教をユーモアたっぷりに描いたアルフォンス・ドーデの『三つの読誦(どくしょう)ミサ』である。候補になったほかの作品の豊かなヴァラエティを反映して、収録作品もまた多彩な顔ぶれとなった。いずれもフランスものらしい味わいに満ちた作品なので、時には厳粛な気分で、時には心が洗われる気持ちで、時には愉快に、3つのクリスマス物語を楽しんでいただきたい。

対訳本としての本書の特徴

　さて、本書はフランス語と日本語の対訳であるが、おもな読者対象としては、フランス語の初級から中級の学習者を想定している。その観点から少し、本書の特徴について触れておきたい。

まずは原文であるが、読者対象を考えた時、作品の構成、表現がわかりにくいと危惧されるところがあった。そこで、編者である西村先生に原文のリライトをお願いし、フランス語の初級・中級者向きに文章を書きなおしてもらった（ただし、作品によっては、それほど手の入っていないものもある）。また、西村先生には語注と作品解説もお願いした。
　次は翻訳についてである。「対訳」と言うと、その目的はフランス語の学習者が日本語の訳を参考に、フランス語の理解を深めることである。したがって、特にそれが本書のような学習書であれば、その目的に沿ったかたちで「対訳」がつくられることになる。だが、そこで、どんなタイプの「対訳」を行なえばよいのだろうか？
　というのも、長年、翻訳をして、翻訳の講座を持ち、また翻訳を通じてフランス語を教えてきた経験から言うと、「対訳」にはふたつのレベルがあると考えられるからである。

＊「語学的理解」を目的とした対訳

　ひとつは初級用のレベルで、このレベルでは、直訳とまではいかないものの、ある程度、原文の単語と訳文の単語が対応することが求められる。文と文についても、よほどのことがないかぎり、対応がなされるだろう。これは「対訳」の目的が「語学の理解」——初級レベルの学習者が日本語の訳文を頼りに、フランス語の構文を理解し、いわば語学的に理解すること——に絞られているからである。そのため、日本語の文章の自然さはある程度、犠牲にされるし、また、そのやり方からすれば、自然な日本語の文章など、最初から望むべくもない。

だが、フランス語で書かれた作品を読んで理解するということは、「フランス語を語学的に理解する」ということだろうか？　もちろん、語学的な理解は前提であるが、それが完璧にできたところで、作品は理解できたことにはならない。日本語を母語としていれば、日本語を語学的に理解することはほぼ問題なくできるだろうが、だからと言って、それだけで日本語で書かれた作品が理解できるわけではないのと同じことである。作品を理解するためには、あらゆる意味で「文脈的な理解」が必要になるのである。そこで、通常の「翻訳」では作品を文脈的に理解したうえで、その内容を伝えるというかたちをとるのであるが、もしそうなら、「対訳」のほうでも、「作品の理解」を目的として、文脈的な要素を加味して、原文と訳文を「単語対単語」、「文対文」とはちがうかたちで対応させるものがあってもいいということになる。

＊「作品理解」を目的とした対訳

　それが最初に述べたふたつのレベルの対訳のうち、もうひとつのレベルのものである。これは初級から中級用のレベルの「対訳」だと言える。
　教師としての経験から、実は初級から中級に進むには、画然とした壁があって、それがこの「語学的理解と文脈的理解とを隔てる壁」なのではないかと、筆者は考えている。この壁は、辞書の訳語を使って、フランス語の単語をフランス語の構文どおりに精密に置き換えて、それを日本語らしく整えてみても、乗り越えられない。というのも、こういった訳の場合、読者は不完全な日本語から文脈を考えていくという、いわばハンディを負ったかたちで理解を進めていかなければならないので、語学的な意味は

わかっても、どういうつながりでそんなことが書いてあるのか、よくわからないことが多いのである。いや、それどころか、文脈以前に、文そのものの意味がわからないということも起きてくる。フランス語の文をフランス語の発想で理解しないで、単語単位で無理やり日本語に並べかえたせいで、その日本語から出発して正しい意味にたどりつくことができなくなってしまうのである。

　では、これを防ぐにはどうすればいいか？　やり方は簡単。文脈も含めて、原文をフランス語の発想で理解し、その理解した内容を文脈も含めて、日本語の発想で訳文にすればよいのである。そうすると、読者は、日本語の訳を参考にして、「ああ、このフランス語は、日本語にしてみるとこんな感じになるのか」とか、「日本語ではこうなるところをフランス語ではこう書くのか。これがフランス語の発想なのか」というのがわかるようになる。つまり、文章を細かい単語の要素に分け、精密に理解していこうとしてぶつかった壁を、文章をまるごと理解するかたちで一気に乗り越えるのである。初級から中級に進むには、この精密な語学的アプローチをどこかで一度、捨てる必要がある。

　そういったことから、翻訳でアンカーを務める坂田氏には、このふたつめのレベルである「作品理解」を目的とした「対訳」をお願いした。その結果、本書の「対訳」では、単語と単語の対応はもちろん、文と文との対応も明らかではなくなっている。また、フランス語の発想では必要ないけれど、日本語の発想では必要だという文なども補足してある。したがって、読者は原文と訳文を一文ずつ対応させながら、原文の構文を理解していくのではなく（それは初級レベルの勉強法である。そのやり方は本書ではできない）、むしろ原文と訳文のちがいから出発して、フランス語を文脈

的に理解し、またそのちがいを通じて〈フランス語の発想〉を体感するようにしていただきたい（これが初級から中級に進むレベルの勉強法である）。

　翻訳は、おもに白百合女子大学大学院の卒業生、そして現在大学院で授業を受けている皆さんによる「チーム白百合」にお願いし、それを上に書いた方針で、最終的に監訳の坂田氏にまとめていただいた。

　最初に述べたとおり、フランスのクリスマス物語は、フランスならではの独特の味わいを持っている。その魅力をフランス語で、そして日本語で存分に楽しんでいただきたい。

　それでは、Joyeux Noël！　楽しいクリスマスを！

フランス語翻訳家　高野 優

Table des matières

はじめに
3

BALTHASAR
バルタザール
11

LA NOËL DE MARTHE
マルトのクリスマス
83

LES TROIS MESSES BASSES
三つの読誦ミサ
135

Balthasar
バルタザール

FRANCE, Anatole
アナトール・フランス

ある日、エチオピアの王バルタザールは、シバの女王のもとを訪れた。女王のあまりの美しさに、バルタザールはひと目見ただけで恋に落ちてしまう。そして、女王に誘われるまま、夜のあいだに二人だけで宮殿を抜け出し、こっそり町へと出ていくが……。東方の三博士のバルタザールの若き日の物語。

Balthasar

Magos reges fere habuit Oriens. — Tertullien
L'Orient fut presque toujours gouverné par des mages.

I

En ce temps-là, Balthasar, que les Grecs ont nommé Saracin, régnait en Éthiopie. Il avait la peau noire et un très beau visage. Il avait l'esprit simple et le cœur généreux. À la troisième année de son règne — il venait d'avoir ses vingt-deux ans — il eu l'idée d'aller rendre visite à Balkis, reine de Saba. Le mage Sembobitis et l'eunuque Menkéra l'accompagnaient. Le groupe de voyage était suivi de soixante-quinze chameaux,

※ Éthiopie エチオピア ※ Saba シバ ※ mage 占星術師・祭司 ※ eunuque 宦官：大臣の務めをすることが多かった

バルタザール

Magos reges fere habuit Oriens. —Tertullien
かつて東方はほぼ占星術師が治めていた。(テルトゥリアヌス)

I

　キリストが生まれる少し前のことである。当時、エチオピアにバルタザールという王がいた。バルタザールはギリシャ人からは「サラサン」と呼ばれていたが、黒い肌の美しい顔立ちをした若者で、気質は率直、広い心の持ち主だった。さて即位して3年目、22歳になったばかりの頃、バルタザールはシバの女王バルキスのもとを訪ねようと考えた。随行するのは、占星術師のサンボビティスと宦官のマンケラである。一行は75頭のラクダを従え、シナモンや没薬、砂金や象牙をのせて運んでいった。長い道のりを行くあいだ、占星術師のサンボビティスは「惑星の動きは人にどの

portant du cinnamome, de la myrrhe, de la poudre d'or et des dents d'éléphant. Pendant qu'ils cheminaient, Sembobitis lui enseignait tant l'influence des planètes que les vertus des pierres, et Menkéra lui chantait des chansons liturgiques ; mais Balthasar ne les écoutait pas et il s'amusait à voir les petits chacals assis sur leur derrière, les oreilles droites, à l'horizon des sables.

 Enfin, après douze jours de marche, Balthasar et ses compagnons sentirent une odeur de roses, et bientôt ils virent les jardins qui entourent la ville de Saba.

Là, ils rencontrèrent des jeunes filles qui dansaient sous des grenadiers en fleurs.

— La danse est une prière, dit le mage Sembobitis.

— On vendrait ces femmes un très grand prix, dit l'eunuque Menkéra.

Étant entrés dans la ville, ils furent émerveillés de la grandeur des magasins, des hangars et des chantiers qui s'étendaient devant eux, ainsi que de la quantité

* myrrhe 没薬 * liturgique 典礼の * chacal ジャッカル

ような影響を与えるか」とか「宝石にはどのような効力があるか」といったことを説き、宦官のマンケラは典礼の歌を歌って聞かせた。だが、バルタザールは2人の話や歌などろくに聞いていなかった。砂漠の中でジャッカルが数匹耳をピンと立てて座っているのを、いつまでも振り返って眺めていたりして、道中の風景を楽しんでいたのである。

　そうして旅を始めて12日後、バラの香りがバルタザール一行の鼻をくすぐってまもなく、緑の庭園に囲まれた都市が見えてきた。ようやくシバに到着したのだ。
　庭園を抜ける途中、一行は花咲くザクロの木の下で若い娘たちが踊っているところに出くわした。それを見て、占星術師のサンボビティスは生真面目に言った。「踊りとは祈りなのです」
　一方で、宦官のマンケラのほうは茶化すようにこう言った。「あの娘たち、たいそう高い値で売れそうですな」
　やがて、一行は市中へと入った。市中には立派な店や倉庫や工場が立ち並び、どこを見ても品物が山のように積み上げられている。建物の大きさに品々の量、その何もかもに圧倒され、バルタザールたちは目を見張っ

de marchandises qui y étaient entassées. Ils marchèrent longtemps dans des rues pleines de chariots, de portefaix, d'ânes et d'âniers, et découvrirent tout à coup les murailles de marbre, les tentes de pourpre, les coupoles d'or, du palais de Balkis.

La reine de Saba les reçut dans une cour rafraîchie par des jets d'eau parfumée qui retombaient en perles avec un murmure clair. Debout dans une robe de pierreries, elle souriait.

Balthasar, en la voyant, fut saisi d'un grand trouble. Elle lui sembla plus douce que le rêve et plus belle que le désir.

— Seigneur, lui dit tout bas Sembobitis, songez à conclure avec la reine un bon traité de commerce.

— Prenez garde, seigneur, ajouta Menkéra. On dit qu'elle emploie la magie pour se faire aimer des hommes.

---

* portefaix 担ぎ人足　* murailles de marbre 大理石でできた城壁　* pierreries 宝石類　* Seigneur （ここでは）身分のある人への呼びかけ　* traité 条約

た。通りではそこかしこを荷車が行きかい、町は力仕事をする男たちやロバやロバ引きでごったがえしている。一行はシバの豊かさに驚きながら、町の中をしばらく歩いた。と、突然、目の前に大理石の壁が現れ、緋色の天幕と金色の丸い屋根が目に飛び込んだ。それがシバの女王バルキスの宮殿だった。

　宮殿に到着すると、バルタザールの一行は、噴水のある涼しげな中庭で、女王バルキスの出迎えを受けた。噴水はいい香りをさせながら、さらさらと澄んだ水音を立て、真珠のようにこぼれ落ちている。バルキスは宝石を散りばめた豪華な衣を身にまとい、すっと立って微笑んでいた。

　バルタザールは、目の前に立つバルキスを見た。その途端、胸がどきんと高鳴った。バルキスがあまりにも優しげで美しかったからである。バルキスの前では、たとえどれほど優しい夢だろうと、どれほど美しい願いだろうと、色あせてしまいそうだった。

　「陛下」占星術師のサンボビティスが小声で呼びかけた。「どうか女王陛下と益ある商いの条約を結ぶことをお考えください」

　「お気をつけあれ、陛下」宦官のマンケラも続けた。「あの女王陛下は魔法を使って殿方を魅了するそうですぞ」

Puis, s'étant prosternés, le mage et l'eunuque se retirèrent.

Balthasar, resté seul avec Balkis, essaya de parler, il ouvrit la bouche, mais il ne put prononcer une seule parole. Il se dit : « La reine sera irritée de mon silence. »

Pourtant la reine souriait encore et n'avait pas l'air fâché.

Elle parla la première et dit d'une voix plus suave que la plus suave musique :

— Soyez le bienvenu et asseyez-vous près de moi.

Et d'un doigt, qui semblait un rayon de lumière blanche, elle lui montra des coussins de pourpre étendus à terre.

Balthasar s'assit, poussa un grand soupir et, saisissant un coussin dans chaque main, s'écria très vite :

— Madame, je voudrais que ces deux coussins fussent deux géants, vos ennemis. Car je leur tordrais le cou.

✳ se prosterner　ひれ伏す　✳ irriter　いらいらする　✳ suave　甘い

その後、サンボビティスとマンケラは頭を垂れて、退出した。

　バルキスと2人だけで残されると、バルタザールは何か話をしなければと考えた。だが、口を開けても、言葉は何も出てこなかった。このままずっと黙っていたら、女王が苛立ってしまうのではないだろうか。バルタザールは焦りを感じた。

　しかし、バルキスに怒った様子はなかった。まだ微笑んだままだったのだ。

　最初に口を開いたのは、バルキスだった。その声は甘く、この世のどんな甘美な歌よりも甘美だった。

「ようこそおいでくださいました。どうぞ、わたくしの近くにおかけになって」

　バルキスは床にいくつも置いてある緋色のクッションを指さした。その指もまた一筋の白い光のように美しかった……。

　バルタザールはすっかりバルキスに魅了され、腰をおろすなり大きなため息をついた。それから、ふと右手と左手で一つずつクッションをつかむと、一気に言った。

「女王陛下、この2つのクッションが敵の2人の巨人であればと願わずにいられません。もしそうならば、首をひねって差し上げるのに」

Et, en parlant ainsi, il serra si fort les coussins dans ses poings que l'étoffe se creva et qu'il en sortit une nuée de duvet blanc. Une des petites plumes voltigea un moment dans l'air ; puis elle vint se poser sur le sein de la reine.

— Seigneur Balthasar, dit Balkis en rougissant, pourquoi donc voulez-vous tuer des géants ?

— Parce que je vous aime, répondit Balthasar.

— Dites-moi si dans votre capitale l'eau des puits est bonne ? demanda Balkis

— Oui … ? répondit Balthasar surpris.

— Je suis curieuse aussi de savoir, reprit Balkis, comment on fait les confitures sèches en Éthiopie.

Le roi ne savait que répondre. Elle le pressa :

— Dites, dites, pour me faire plaisir.

✳ duvet 羽毛　✳ puits 井戸

言いながら、バルタザールはクッションを力強く握りしめた。だが、力を込めすぎてしまい、布が破れて、中からたくさんの白い羽毛が飛び出してきた。羽毛が一片、つかのま空中にひらひらと舞う。それから、バルキスの胸元に落ちてとまった。

「バルタザール陛下」バルキスが顔を赤くしながら言った。「どうして巨人を殺めたいなんておっしゃるの？」
「あなたをお慕いしているからです」バルタザールは一思いに答えた。
「ねえ、ちょっと教えてくださらない？　陛下の国の都では、井戸の水はおいしい？」
「ええ、まあ……」バルタザールは意表をつかれ、ぽかんとして答えた。
「ほかにも知りたいことがあるのだけど」バルキスは続けた。「エチオピアでは、どうやって蜜に漬けた果物をこしらえるの？」
　バルタザールは答えに窮した。
「ねえ、早く教えて。わたくしが知りたいと言っているのよ。教えてちょうだい」

Alors, il fit un grand effort de mémoire et décrivit les pratiques des cuisiniers éthiopiens, qui font confire des coings dans du miel. Mais elle ne l'écoutait pas. Tout à coup elle l'interrompit :

— Seigneur, on dit que vous aimez la reine Candace, votre voisine. Ne me trompez pas : est-elle plus belle que moi ?

— Plus belle, madame, s'écria Balthasar en tombant aux pieds de Balkis, est-il possible ?...

La reine poursuivit :

— Ainsi ! ses yeux ? sa bouche ? son teint ? sa gorge ?...

Balthasar étendit les bras vers elle et s'écria :

— Laissez-moi prendre la petite plume qui s'est posée sur votre cou et je vous donnerai la moitié de mon royaume avec le sage Sembobitis et l'eunuque Menkéra.

Mais elle se leva et s'enfuit en riant d'un rire clair.

※ coing　マルメロ（バラ科の木。洋梨状の黄色い実がなる）　※ sage　賢者

その口調があまりに切実だと思えたので、バルタザールは懸命に記憶をたどり、エチオピアの料理人がどうやっていたかを説明した。マルメロの実をはちみつに漬け……。だが、バルキスは聞いていなかった。突然、話をさえぎると、こう尋ねたのである。
　「陛下、陛下はお隣の国の女王カンダケを愛しているそうね。本当のことを教えて。あの方はわたくしより美しいの？」

　「あなたより美しいなんて。そんなこと！」バルタザールはバルキスの足元に身を投げるようにして言った。
　だが、バルキスはやめなかった。
　「そうなの。じゃあ、あの方の目はどう？　口は？　肌の色は？　胸はどうかしら？」
　バルタザールはバルキスに向かって腕を広げ、声を張り上げた。
　「お願いです。どうかあなたの襟元についている羽根を取らせてください。それが叶うなら、我が王国の半分を差し上げます。占星術師のサンボビティスと宦官のマンケラも共に差し上げます」
　しかし、バルキスはころころと鈴のような笑い声をあげながら、立ち上がって行ってしまった。

Quand le mage et l'eunuque revinrent, ils trouvèrent leur maître dans une attitude pensive, qui ne lui était pas habituelle.

— Seigneur, n'auriez-vous conclu un bon traité de commerce ? demanda Sembobitis.

Ce jour-là, Balthasar soupa avec la reine de Saba et but du vin de palmier.

— Il est donc vrai ? lui dit Balkis, tandis qu'ils soupaient : la reine Candace n'est pas aussi belle que moi ?

— La reine Candace est noire, répondit Balthasar.

Balkis regarda vivement Balthasar et dit :

— On peut être noir sans être laid.

— Balkis ! s'écria le roi...

✴ palmier　ヤシの木

占星術師のサンボビティスと宦官のマンケラが戻ってきたとき、バルタザールは考え込んでいた。いつもの王らしからぬ姿である。心配して、サンボビティスが尋ねた。
「陛下、益ある商いの条約は結んでいただけたのでしょうか？」

　その日の夕べ、バルタザールはバルキスと共に食事をし、ヤシの酒を飲んでいた。その途中、再びバルキスが尋ねた。
「ねえ、さっきのお話は本当？　カンダケはわたくしほどは美しくないの？」

「あの方は肌が黒いのです」バルタザールは答えた。
　すると、バルキスが激しい目を向けた。
「肌が黒いからといって、醜いわけではないわ」
　その瞬間、
「ああ、バルキス！」

Il n'en dit pas davantage. L'ayant saisie dans ses bras, il tenait renversé sous ses lèvres le front de la reine. Mais il vit qu'elle pleurait. Alors il lui parla tout bas d'une voix caressante, en chantant un peu, comme font les nourrices. Il l'appela sa petite fleur et sa petite étoile.

— Pourquoi pleurez-vous ? lui dit-il. Et que faut-il faire pour que vous ne pleuriez plus ? Si vous aviez quelque désir, faites-le-moi connaître et je le contenterai.

Elle ne pleurait plus et restait songeuse. Il la pressa longtemps de lui confier son désir.

Enfin elle lui dit :

— Je voudrais avoir peur.

Comme Balthasar semblait ne pas comprendre, elle lui expliqua que depuis longtemps elle avait envie de courir quelque danger inconnu, mais qu'elle ne pouvait pas, parce que les hommes et les dieux sabéens veillaient sur elle.

✱ nourrice 乳母　✱ contenter 満たす　✱ veiller 守護する

思わずそう叫ぶと、バルタザールはそれ以上何も言わずに、バルキスを腕に抱きしめた。顔を上に向かせ、唇を合わせようとする。だが、そこで、バルキスが泣いていることに気がついた。しかたなく、バルタザールは、まるで乳母がするように、少し歌うような調子で小声で優しく語りかけた。それから「可憐な花よ、愛しい星よ」と呼びかけて言った。
「なぜ泣いているのです？　泣くのをやめていただくには、何をすればいいのでしょう？　もし望みがあるのなら教えてください。この私が叶えて差し上げます」
　すると、バルキスは泣くのをやめた。だが、じっと考えるふうをしたまま、いつまでも黙っている。バルタザールが「どうか打ち明けてほしい」と何度も言うと、ようやくバルキスは口を開いた。
「わたくし、怖い思いをしてみたい」
　いったい、どういう意味なのか。バルタザールはよくわからないという顔をした。すると、バルキスは、今までしたことのないような危険なことをしてみたい、前々からそう願っているのだ、と言った。だが、いつでも護衛の男たちやシバの神々に見守られているせいで、その願いは叶えられずにいるのだという。バルキスはため息をつきながら付け加えた。

— Pourtant, ajouta-t-elle en soupirant, je voudrais sentir pendant la nuit le froid délicieux de l'épouvante pénétrer dans ma chair. Je voudrais sentir mes cheveux se dresser sur ma tête. Oh ! ce serait si bon d'avoir peur !

Elle noua ses bras au cou du roi noir et dit de la voix d'un enfant qui supplie :

— Voici la nuit venue. Allons tous deux par la ville sous un déguisement. Voulez-vous ?

Balthasar accepta. Aussitôt elle courut à la fenêtre et regarda, à travers le treillis, sur la place publique.

— Un mendiant, dit-elle, est couché contre le mur du palais. Donnez-lui vos vêtements et demandez-lui en échange son turban en poil de chameau et l'étoffe grossière dont il se ceint les reins. Faites vite, je vais m'apprêter.

✳ s'apprêter 身支度を整える

「それでも、暗い夜のあいだ中、この身が凍るような怖い思いで、うっとりしてみたいの。髪が逆立ってしまうような恐怖を味わってみたい。ああ、怖い思いをするって、きっと素敵なことでしょうね」

　それから、バルキスはバルタザールの首に腕を巻きつけ、子どもがおねだりをするような声で誘った。
「ねえ、もう夜よ。変装して、怖い思いをしに２人で町に行ってみましょうよ。どう？」
　バルタザールは喜んで一緒に行くと答えた。すると、バルキスはすぐさま窓辺に駆けていき、格子越しに広場のほうを見た。
「物乞いがいるわ。宮殿の壁に寄りかかって眠っている男。あの男にあなたの服をあげればいいわね。代わりに、あの男のラクダの毛のターバンと腰布をもらってくるの。さあ、早く。わたくしも支度をしてくるわ」

Et elle courut hors de la salle du banquet en frappant ses mains l'une contre l'autre pour marquer sa joie.

Balthasar quitta sa tunique de lin, brodée d'or, et ceignit le jupon du mendiant. Il avait l'air ainsi d'un véritable esclave. La reine reparut bientôt, vêtue de la robe bleue sans couture des femmes qui travaillent aux champs.

— Allons ! dit-elle.

Et elle entraîna Balthasar par d'étroits corridors, jusqu'à une petite porte qui s'ouvrait sur les champs.

II

La nuit était noire. Balkis était toute petite dans la nuit.

Elle conduisit Balthasar dans un des cabarets où les crocheteurs et les portefaix de la ville s'assemblent avec

✳ ceindre 腰に巻く　✳ cabaret 酒場　✳ crocheteur 仲仕

バルキスは響宴の間を小走りに出ていった。嬉しそうに手をたたきながら……。

いっぽう、バルタザールは、バルキスに言われたとおり、金の刺繍を施された亜麻の長衣を物乞いにやり、変わりに粗末な腰布を巻いた。こうしてみると、まるで本物の奴隷のようだ。まもなくバルキスもやってきた。こちらは畑仕事をする女が着るような、縫い目のない青い服を身につけている。

「行きましょう！」バルキスが言った。

バルタザールはバルキスに手を引かれて狭い廊下を通り、小さな扉へとたどり着いた。扉を開けると、その先には野原があった。

II

暗い夜だった。闇の中では、バルキスはことさら小さく可憐だった。

バルタザールはバルキスに連れられるまま、町の酒場に入りテーブルについた。力仕事をする男たちが娼婦を連れてくるような酒場である。

des prostituées. Là, s'étant assis tous à une table, ils voyaient, à la lueur d'une lampe infecte, dans l'air épais, les brutes puantes qui se frappaient à coups de poing et à coups de couteau pour une femme ou pour une tasse de boisson fermentée, tandis que d'autres ronflaient, les poings fermés, sous les tables. Le cabaretier, couché sur des sacs, observait prudemment, du coin de l'œil, les rixes des buveurs. Balkis, ayant vu des poissons salés qui pendaient aux solives du toit, dit à son compagnon :

— Je voudrais bien manger un de ces poissons, avec de l'oignon pilé.

Balthasar la fit servir. Quand elle eut mangé, il s'aperçut qu'il n'avait point emporté d'argent. Il en prit peu de souci et pensa sortir avec elle sans payer son écot. Mais le cabaretier leur barra le chemin, en les appelant vilain esclave et méchante ânesse. Balthasar l'abattit à terre d'un coup de poing. Plusieurs buveurs, le couteau levé, se jetèrent alors sur les deux inconnus. Mais le

* prostituée 娼婦 * fermentée 発酵した * rixe 殴り合い * solive 根太(床板を受ける横木)

ランプからはいやな臭いがし、店にはむっとした空気がたちこめていた。その中で、酒臭い荒くれ者たちが女や酒を巡って争い、素手で殴り合ったり、ナイフをちらつかせたりしている。そうかと思えば、テーブルの下でぐっすり眠り、高いびきをかいている者もいた。店主が荷袋の上に寝そべりながら、目の端で客たちのけんかを用心深く見張っている。と、バルキスが天井の梁(はり)からぶら下がる塩漬けの魚を見て、バルタザールに言った。

「あの魚を食べてみたいわ。すりつぶした玉ねぎも添えてちょうだい」

　バルタザールは魚と玉ねぎを持ってこさせた。しばらくしてバルキスが食べ終わったとき、お金を持ってこなかったことに気づいたが、そんなことは気にしなかった。ここには怖い思いをしにきたのだ。ならば、代金を支払わないまま店を出ればいいと思ったのだ。案の定、店を出ようとすると、店主が立ちふさがるや、こう叫んだ。「このうす汚い奴隷め！　みすぼらしいメスロバめ！」バルタザールはこぶしを振りあげ、店主を床にたたきのめした。すると、今度は客の男たちがナイフを振りかざしながら、飛

noir, s'étant armé d'un énorme pilon qui servait à piler les oignons d'Égypte, assomma deux de ses agresseurs et força les autres à reculer. Cependant il sentait la chaleur du corps de Balkis blottie contre lui ; c'est pourquoi il était invincible. Les amis du cabaretier, n'osant plus approcher, firent voler sur lui, du fond de la boutique, les jarres d'huiles, les tasses d'étain, les lampes allumées et même l'énorme marmite de bronze où cuisait un mouton tout entier. Cette marmite tomba avec un bruit horrible sur la tête de Balthasar, qui en eut le crâne fendu. Il resta un moment assommé, puis, rassemblant ses forces, il renvoya la marmite avec tant de vigueur que le poids en fut décuplé. Au choc de l'airain se mêlèrent des hurlements inouïs et des râles de mort. Profitant de l'épouvante des survivants et craignant que Balkis ne reçût quelque blessure, il la prit dans ses bras et s'enfuit avec elle par des ruelles sombres et désertes. Le silence de la nuit enveloppait la terre, et les fugitifs

✳ pilon 乳棒　✳ être assommé 頭がくらくらした

びかかってきた。だが、バルタザールは巨大なすりこぎをつかんで迎えうち（すりこぎはエジプト産の玉ねぎをすりつぶすためのものだ）、襲いかかってきた男のうち２人を殴って気絶させた。その様子に他の男たちは怖じ気づいたのか、じりじりと後ろに下がっていく。そのあいだ中ずっと、バルタザールはバルキスの体の温もりを直接肌に感じていた。バルキスがぴったりと身を寄せてくれていたからだ。そのおかげで、バルタザールは全身に力がわいてくるのを感じ、向かってくる敵をみな打ち負かしていたのだ。いっぽう、客の男たちはバルタザールのそばに近づくのは危険だとわかると、今度は店の奥から油の壺やら錫のカップやら火のついたランプやらを投げてきた。さらには、羊を丸ごと煮ていた銅の大鍋まで投げつけた。鍋は恐ろしい音を立てながら、バルタザールの頭にぶつかった。バルタザールは頭に傷を負い、一瞬、目の前が暗くなった。だが、次の瞬間には持てる力をすべて集め、勢いよく鍋を投げ返した。鍋の重さが１０倍の重さになるほどの力強さで投げ返したのだ。鍋がぶつかる音がするのと同時に、すさまじい叫び声と死にそうな喘ぎ声が混じりあって一つになった。傷を負わずにすんだ者たちは、もはや恐怖で動けない。そのすきに乗じて、バルタザールはバルキスをしっかりと抱きかかえて外に出た。よもやバルキスが怪我などしていないかと案じながら……。そして、暗く人気の

entendaient décroître derrière eux les clameurs des buveurs et des femmes, qui les poursuivaient au hasard, dans l'ombre. Bientôt ils n'entendirent plus que le bruit léger des gouttes de sang qui tombaient une à une du front de Balthasar sur la gorge de Balkis.

— Je t'aime, murmura la reine.

Et la lune, sortant d'un nuage, fit voir au roi une lueur humide et blanche dans les yeux demi-clos de Balkis. Ils descendaient le lit desséché d'un torrent. Tout à coup, le pied de Balthasar glissa dans la mousse. Ils tombèrent tous deux embrassés. Ils crurent s'abîmer sans fin dans un néant délicieux et le monde des vivants cessa d'exister pour eux. Ils goûtaient encore l'oubli charmant du temps, du nombre et de l'espace, quand les gazelles vinrent, à l'aube, boire dans le creux des pierres.

＊ lit　川床　＊ mousse　苔　＊ embrassé　抱き合った　＊ s'abîmer　沈んでいく
＊ gazelle　ガゼル（羚羊）

ない路地を通って逃げた。大地は夜の静寂に包まれていた。暗闇の中、店にいた男たちと女たちが2人のあとをあてずっぽうに追うのが聞こえてくる。だが、その怒号も次第に遠ざかった。やがて、聞こえてくるのは、額に負った傷から血のしずくが落ちるかすかな音だけになった。血のしずくは、バルタザールの額から、腕に抱きかかえていたバルキスの胸へと一つまた一つとこぼれていった。

「愛しているわ」バルキスがささやいた。

そのとき、雲間から月が出た。月明かりの中で、バルキスの半ば閉じた瞳は潤んだ光を帯び、輝いている。バルタザールはバルキスを腕に抱いたまま、水の干上がった川床へと降りていった。だがそのとき、不意に地面の苔で足が滑った。2人は抱きあいながら、苔の地面へと倒れた。それはまるで甘美な闇へとどこまでも沈んでいくようだった。一瞬にしてこの世など消え去り、この甘い闇の中に2人だけがいた。やがて夜が明け、ガゼルが岩場のくぼみに水を飲みにきたときも、2人はまだ時間も他の者の存在も空間も忘れ、甘美な余韻に浸っていたのである。

À ce moment, des brigands qui passaient virent les deux amants couchés dans la mousse.

— Ils sont pauvres, se dirent ces brigands, mais nous les vendrons un grand prix, à cause de leur jeunesse et de leur beauté.

Alors ils s'approchèrent d'eux, les chargèrent de liens et, les ayant attachés à la queue d'un âne, ils poursuivirent leur chemin.

Le noir, enchaîné, proférait contre les brigands des menaces de mort. Mais Balkis, frissonnant dans l'air frais du matin, semblait sourire à quelque chose d'invisible.

Ils marchèrent dans d'affreuses solitudes jusqu'à ce que la chaleur du jour se fît sentir. Le soleil était déjà haut quand les brigands délièrent leurs prisonniers et, les faisant asseoir près d'eux à l'ombre d'un rocher, leur jetèrent un peu de pain moisi, que Balthasar dédaigna de ramasser, mais dont Balkis mangea avidement.

✱ brigand 山賊　✱ lien 縄　✱ moisi カビの生えた

だが、2人はその余韻を味わい続けることはできなかった。おりしも、山賊の一団が通りかかり、苔の中に横たわる2人を見つけてしまったのだ。
　「貧乏人だな。だが、若いし見た目も悪くない。これなら高く売れそうだ」
　山賊たちはそう言うと、バルタザールたちに近づいた。それから2人を縄で縛りあげ、ロバの尻尾につないで、再び歩きだした。

　縄で縛られながら、バルタザールは山賊たちに「殺してやるぞ」と脅しの言葉を投げつけた。だが、バルキスのほうは、ひんやりとした朝の空気に震えながらも、見えない何かが見えているのか悠然と微笑みを浮かべている。
　誰一人行き交う者のない道を、バルタザールとバルキスは縛られたまましばらく歩いた。やがて、昼間になり暑さを感じるようになった頃、ようやく山賊たちは歩みを止めた。既に日は高く昇っている。山賊たちはバルタザールとバルキスの縄をほどくと、そばの岩陰に座らせた。それから、カビの生えたパンのかけらを投げてよこした。バルタザールは「そんなものなど拾えるか」とはねつけた。だが、バルキスは拾ってむさぼるように食べはじめた。

Elle riait. Et le chef des brigands lui ayant demandé pourquoi elle riait :

— Je ris, lui répondit-elle, à la pensée que je vous ferai tous pendre.

— Vraiment ! s'écria le chef des brigands, voilà un propos étrange dans la bouche d'une laveuse d'écuelles comme toi, ma belle ! C'est sans doute avec l'aide de ton galant homme que tu nous feras tous pendre ?

En entendant ces paroles outrageantes, Balthasar entra dans une grande fureur ; il se jeta sur le brigand et lui pressa le cou si fort qu'il l'étrangla presque.

Mais celui-ci lui enfonça son couteau dans le ventre jusqu'au manche. Le pauvre roi, roulant à terre, tourna vers Balkis un regard mourant qui s'éteignit presque aussitôt.

✳ écuelle 小どんぶり ✳ outrageante 侮辱的な

見ると、バルキスは笑っていた。その理由を山賊の長が尋ねると、バル
キスは答えて言った。
「じきにおまえたち全員を縛り首にしてやるかと思うと、嬉しくてたま
らないのです」
「いやはや、おまえみたいな皿洗いの女の口から、そんな奇妙な言葉が出
てくるとはな！」山賊の長が大声で言った。「俺たちを縛り首にするなん
て、そこの色男にでも手伝ってもらうつもりか？」

　山賊の長の無礼な言葉に、バルタザールはかっとなった。長に飛びかか
り、首をぎゅっと締めつけた。

　だが、あと少しで絞め殺せそうだと思ったとき──山賊の長はナイフを
取り出し、バルタザールの腹に柄まで深々と突き刺した。バルタザールは
地面に転がった。倒れながら、瀕死の目でバルキスを見た。だがまもな
く、視界は暗く閉ざされた。

III

À ce moment, il se fit un grand bruit d'hommes, de chevaux et d'armes, et Balkis reconnut le brave Abner qui venait à la tête de sa garde délivrer sa reine, dont il avait appris dès la veille la disparition mystérieuse.

Il se prosterna trois fois aux pieds de Balkis et fit avancer près d'elle une litière préparée pour la recevoir. Cependant, les gardes liaient les mains des brigands. La reine se tourna vers le chef et lui dit avec douceur :

— Vous ne me reprocherez pas, mon ami, de vous avoir fait une vaine promesse, quand je vous ai dit que vous seriez pendu.

Le mage Sembobitis et l'eunuque Menkéra, qui se tenaient aux côtés d'Abner, poussèrent de grands cris en voyant leur roi étendu à terre, immobile, un couteau planté dans le ventre. Ils le soulevèrent avec précaution.

✳ litière 輿

III

　そのときだった。山賊たちのいる場所の近くで、人馬や武具の音が大きく響いた。見ると、衛兵隊の一団がこちらにやってくる。家臣のアブナルが衛兵隊を率いて、女王たるバルキスを助けにきたのである。実は、アブナルは女王が急にいなくなったことを昨夜のうちに知り、探していたのだ。

　バルキスの足元に3度ひれ伏したあと、アブナルはバルキスのために用意していた輿(こし)を近くへと進ませた。そのあいだにも、衛兵たちは山賊の手を次々と縛っていた。バルキスは山賊の長のほうを向くと、優しく言った。

「ごめんなさいね。おまえたちを縛り首にするなんて、つまらない約束をしたものだわ。でも、約束したからにはちゃんと守ってあげるわね」

　占星術師のサンボビティスと宦官のマンケラは、アブナルの横にいたが、自分たちの王が地面に転がっているのを見つけると、大きな叫び声を上げた。バルタザールは腹にナイフが突き刺さり、身動きひとつしていないのだ。2人は慎重にバルタザールを抱え起こした。サンボビティスはバ

Sembobitis, qui excellait dans l'art de la médecine, vit qu'il respirait encore. Il fit un premier pansement, tandis que Menkéra essuyait l'écume qui souillait la bouche du roi. Ensuite ils le lièrent sur un cheval et le conduisirent doucement jusqu'au palais de la reine.

Balthasar resta pendant quinze jours en proie à un délire violent. Il parlait sans cesse de la marmite fumante et de la mousse du ravin, et il appelait Balkis à grands cris. Enfin, le seizième jour, ayant rouvert les yeux, il vit à son chevet Sembobitis et Menkéra, et il ne vit pas la reine.

— Où est-elle ? Que fait-elle ?

* en proie à 〜にとらわれていた　* délire うわごと

ルタザールがまだ息をしているのを見てとると、傷に応急の手当てをした。サンボビティスは医術にも秀でていたのである。そのあいだ、マンケラはバルタザールが口から吹く泡をぬぐっていた。それから、2人はバルタザールを馬にくくり、女王の宮殿までそっと連れ帰った。

　それから15日間、バルタザールは錯乱状態で床についていた。「鍋が湯気を立てて……」とか「地面の苔が……」などとひっきりなしにうわごとを言い、大声でバルキスの名を叫んだりした。そして16日目、バルタザールはようやくはっきりと目を開けた。枕元を見ると、サンボビティスとマンケラの姿がある。だが、バルキスはいなかった。

　「バルキスはどこにいる？　何をしている？」

— Seigneur, répondit Menkéra, elle est enfermée avec le roi de Comagène.

— Ils conviennent, sans doute, d'échanger des marchandises, ajouta le sage Sembobitis. Mais ne vous troublez point ainsi, seigneur, car votre fièvre en redoublerait.

— Je veux la voir ! s'écria Balthasar.

Et il s'élança vers l'appartement de la reine, sans que ni le vieillard ni l'eunuque pussent le retenir. Arrivé près de la chambre à coucher, il vit le roi de Comagène qui en sortait, tout couvert d'or et brillant comme un soleil.

Balkis, étendue sur un lit de pourpre, souriait, les yeux clos.

— Ma Balkis, ma Balkis ! cria Balthasar.

Mais elle ne détournait pas la tête et elle semblait prolonger un songe.

＊ Comagène　コンマゲネ国　＊ convenir　取り決めをする　＊ appartement　（宮殿などの）一棟

「陛下」宦官のマンケラが答えた。「女王陛下はコンマゲネの王と一緒にお部屋に閉じこもっておられます」
「おそらく、交易について取り決めをされているのです」占星術師のサンボビティスが言い添えた。「そんなにお気持ちを高ぶらせてはなりません。また熱が上がります」

だが、バルタザールは叫んだ。「私はバルキスに会いたいのだ！」
そして、サンボビティスとマンケラが止めるのも聞かず、バルキスの部屋に向かって飛んでいった。バルキスの寝室のそばまで来たとき、バルタザールは中からコンマゲネの王が出てくるのを見た。王は全身に金の衣をまとい、太陽のように輝いている。
寝室に入ってみると、バルキスは緋色のベッドに横たわり、目を閉じて微笑んでいた。
「バルキス！　愛するバルキス！」バルタザールは叫んだ。
だが、バルキスはバルタザールを見ようともしなかった。まるで夢の続きをもうしばらく味わおうとでもいうようにじっと横たわったままなのだ。

Balthasar s'approcha et lui prit une main qu'elle retira brusquement.

— Que me voulez-vous ? lui dit-elle.

— Vous le demandez ! répondit le roi en fondant en larmes.

Elle tourna vers lui des yeux tranquilles et durs.

Il comprit qu'elle avait tout oublié et il lui rappela la nuit du torrent. Mais elle :

— Je ne sais, en vérité, ce que vous voulez dire, seigneur. Le vin de palmier ne vous vaut rien. Il faut que vous ayez rêvé.

— Quoi ! s'écria le malheureux prince en se tordant les bras, tes baisers et le couteau dont j'ai gardé la marque, ce sont des rêves !

Elle se leva ; les pierreries de sa robe firent le bruit de la grêle et lancèrent des éclairs.

バルタザールは近づいて、バルキスの手を取った。だが、バルキスはそれをさっと振り払って言った。
「何かご用でしょうか？」
「なぜそんなことを言う」バルタザールはこらえきれず泣き崩れた。

　バルキスが静かな、だが冷たい目を向けた。
　バルタザールは、バルキスがあの夜のことをよく覚えていないのだと思い、苔をしとねに共に過ごした夜のことを思い出してもらおうと話をした。だが、バルキスは言い放った。
「陛下、おっしゃりたいことが、さっぱりわかりません。ヤシの酒がお体にさわったのでしょう。そのせいで夢をご覧になったのです」
「何を言うのだ！」バルタザールは絶望のあまり身をよじらせた。「おまえの口づけが夢だと言うのか！　この体にくっきりと傷を残したあのナイフも、すべて夢だと言うのか！」
　バルキスがすっと立ち上がった。衣を飾る宝石が雹(ひょう)のようにパラパラと音を立て、きらめきを放った。

— Seigneur, dit-elle, voici l'heure où s'assemble mon conseil. Je n'ai pas le loisir d'éclaircir les songes de votre cerveau malade. Prenez du repos. Adieu !

Balthasar, se sentant défaillir, fit effort pour ne point montrer sa faiblesse à cette méchante femme et il courut dans sa chambre où il tomba évanoui, sa blessure rouverte.

IV

Il resta trois semaines insensible et comme mort, puis, s'étant ranimé le vingt-deuxième jour, il saisit la main de Sembobitis, qui le veillait en compagnie de Menkéra, et il s'écria en pleurant :

「陛下」バルキスは言った。「そろそろ会議を招集する時間です。陛下はお酒を召した頭でおかしな夢をご覧になったようですが、それを理解して差し上げるひまはございません。どうぞゆっくりお休みください。ごきげんよう」

バルタザールは気が遠くなりかけた。だが、必死に耐えた。バルキスに弱いところなど見せられない。そう思ったのだ。だが、自分の部屋へと駆け込んだ途端、気を失った。傷口がまた開いてしまったのだ。

IV

それから3週間、バルタザールは精根尽きはてて、死んだように寝込んでいた。22日目になってようやく多少の気力が戻ると、バルタザールは目を開けて、横にいるサンボビティスの手を握った。占星術師のサンボビティスと宦官のマンケラは、そばでずっと看病してくれていたのである。バルタザールは涙ぐみながら2人に言った。

— Oh ! mes amis, que vous êtes heureux tous deux, l'un d'être vieux et l'autre d'être semblable aux vieillards !... Mais non ! il n'est pas de bonheur au monde, et tout y est mauvais, puisque l'amour est un mal et que Balkis est méchante.

— La sagesse rend heureux, répondit Sembobitis.

— J'en veux essayer, dit Balthasar. Mais partons tout de suite pour l'Éthiopie.

Et, comme il avait perdu ce qu'il aimait, il résolut de se consacrer à la sagesse et de devenir un mage. Si cette résolution ne lui donnait point de plaisir, du moins lui rendait-elle un peu de calme. Chaque soir, assis sur la terrasse de son palais, en compagnie du mage Sembobitis et de l'eunuque Menkéra, il contemplait les palmiers immobiles à l'horizon, ou bien il regardait, à la clarté de la lune, les crocodiles flotter sur le Nil comme des troncs d'arbres.

「ああ、我が友よ。おまえたち2人はなんと幸せなのだろう。おまえたちのように老人と老人のようなものであれば、恋などとは無縁でいられるからな。いや、『幸せ』などと言うべきではなかった。なんといっても、この世には『幸せ』などないからな。この世には悪いものしかないのだ。なぜなら、恋は悪なのだから……。バルキスは悪人なのだから……」

すると、サンボビティスが答えた。「叡智(えいち)は我々を幸せにしてくれます」

「ならば、私もその叡智とやらを試してみたい。だがその前に、すぐにエチオピアに戻ろう」

愛する者を失ったことをきっかけに、バルタザールは叡智に身を捧げ、占星術師になろうと心に決めた。そう決めたところで喜びがわくわけではなかった。だが、それでも気持ちは多少安らいだ。そうしてエチオピアに戻ると、バルタザールは毎晩サンボビティスとマンケラと共に、宮殿のテラスに腰かけては、地平線のかなたにじっと立つヤシの木々を見つめたり、ワニが月の光に照らされて、丸太のようにナイル川に浮かんでいるさまを眺めたりした。

あるとき、いつものようにテラスに座っていると、占星術師のサンボビティスが言った。

— On ne se lasse point d'admirer la nature, disait Sembobitis.

— Sans doute, répondait Balthasar. Mais il y a dans la nature quelque chose de plus beau que les palmiers et que les crocodiles.

Il parlait ainsi parce qu'il lui souvenait de Balkis.

Et Sembobitis, qui était vieux, disait :

— Il y a le phénomène des crues du Nil qui est admirable et que j'ai expliqué. L'homme est fait pour comprendre.

— Il est fait pour aimer, répondait Balthasar en soupirant. Il y a des choses qui ne s'expliquent pas.

— Lesquelles ? demanda Sembobitis.

— La trahison d'une femme, répondit le roi.

＊ phénomène　現象　＊ trahison　裏切り

「見事な自然を眺めていると、飽きるなどということはございませんな」

「おそらく、そうだろう。だが、自然の中には、ヤシの木やワニよりも美しいものもある」
　バルタザールはそう答えた。バルキスのことを思い出していたからである。
　だが、サンボビィテスは老人なので別の意味にとったようだ。
「そうですな。ナイル川が毎年増水するという現象も美しゅうございます。しかし、これはもう前にご説明申し上げたかと。人間とは理解するために作られたものなのでございます」
「いや、人間とは愛するために作られたものだ。それなのに、この世には説明のつかないことがある」バルタザールはため息をついた。
「それはどういうものでしょうか？」サンボビティスの問いかけに、バルタザールは答えて言った。
「女の裏切りというものだ」

Pourtant Balthasar, ayant résolu d'être un mage, fit construire une tour du haut de laquelle on découvrait plusieurs royaumes et tous les espaces du ciel. Cette tour était de brique et elle s'élevait au-dessus de toutes les autres tours. Elle ne fut pas construite en moins de deux ans, et Balthasar avait dépensé pour l'élever le trésor entier du roi son père. Chaque nuit il montait au faîte de cette tour et, là, il observait le ciel sous la direction du sage Sembobitis.

— Les figures du ciel sont les signes de nos destinées, lui disait Sembobitis.

Et il lui répondait :

— Il faut le reconnaître : ces signes sont obscurs. Mais, tandis que je les étudie, je ne pense pas à Balkis, et c'est un grand avantage.

Le mage lui enseignait, entre autres vérités utiles à connaître, que les étoiles sont fixées comme des clous dans la voûte du ciel et qu'il y a cinq planètes, savoir :

＊faîte 天辺　＊sous la direction de 〜指導の下　＊destinée 運命　＊clous 釘・鋲　＊voûte （天の）穹窿

恋を失ったバルタザールの傷はなかなか癒えなかった。だが、その傷の痛みに苦しみながらも、バルタザールは学問の道を究めることにして、高い塔を建てさせた。占星術師になると決めた以上、星を見るために必要だったからである。レンガでできた新しい塔は、ほかのどの塔よりも高くそびえ、天空をすみずみまで見渡せた。それだけでなく、近隣の諸王国を見晴らすこともできた。完成までに２年以上がかかり、この塔を建てるために父王の残した財宝をすべて使い切ることになったが、それだけの価値はあったのだ。塔が完成すると、バルタザールは毎晩この塔のてっぺんに上り、占星術師のサンボビティスの指導を受けながら、空を観察した。

「空が描く模様は、私たちの運命を示しているのです」ある夜、サンボビティスが説明した。

「ああ、その模様とやらをしかと見極めねばな。空が描くしるしは難解きわまりない。だが、難解だからこそ学んでいるあいだは、バルキスのことを考えなくてすむ。これは実によい点だ」バルタザールは答えて言った。
　サンボビティスは、知っていると役に立つ選りすぐりの知識を教え、星というのは天空に鋲のように固定されたものであること、惑星は５つあることを説いた。５つの惑星とはすなわち、ベル、マルドゥク、ナブー、シ

Bel, Mérodach et Nébo, qui sont mâles ; Sin et Mylitta, qui sont femelles.

— L'argent, lui disait-il encore, correspond à Sin, qui est la lune, le fer à Mérodach, l'étain à Bel.

Et le bon Balthasar disait :

— Voilà des connaissances que je veux acquérir. Pendant que j'étudie l'astronomie, je ne pense ni à Balkis, ni à quoi que ce soit au monde. Les sciences sont bienfaisantes : elles empêchent les hommes de penser. Sembobitis, enseigne-moi les connaissances qui détruisent le sentiment chez les hommes, et je t'élèverai en honneurs parmi mon peuple.

C'est pourquoi Sembobitis enseigna la sagesse au roi.

Il lui apprit l'apotélesmatique, d'après les principes d'Astrampsychos, de Gobryas et de Pazatas. Balthasar, à mesure qu'il observait les douze maisons du soleil, songeait moins à Balkis.

✳ mâle オス・男性的　✳ femelle メス・女性的　✳ connaissance 知識
✳ astronomie 天文学

ン、ミュリッタである。このうち男性的な惑星はベルとマルドゥクとナブー、女性的な惑星はシンとミュリッタだった。

「銀はシンに相当します」サンボビティスは話を続けた。「シンとはつまり月なのです。鉄はマルドゥクに、錫(すず)はベルに当たります」

説明を聞くと、バルタザールは言った。

「それこそが私が学びたい叡智というものだ。天文の学を学んでいれば、バルキスのことも、この世の煩わしいことも何も考えなくてすむ。なるほど、学問とはためになるものだな。人を物思いにふけさせることがない。サンボビティス、私に叡智を授けてくれ。人の中にある感情というものを感じなくなれるほどに。そうしてくれるなら、おまえを高い地位につけてやろう」

以上のようないきさつから、サンボビティスはバルタザールに叡智を授けることを約束した。

こうして、バルタザールは、アストラムプシコスとゴブリアスとパザタスの原理に従い、星のしるしを読み解く術を学んだ。そして黄道十二宮を観察するにつれて、バルキスのことをあまり考えなくなっていった。

Menkéra, qui s'en aperçut, en conçut une grande joie.

— Avouez, seigneur, dit-il un jour, que la reine Balkis cachait sous sa robe d'or des pieds fourchus comme en ont les chèvres.

— Qui t'a conté une pareille sottise ? demanda le roi.

— C'est la créance publique, seigneur, en Saba, comme en Éthiopie, répondit l'eunuque. Chacun y dit couramment que la reine Balkis a la jambe velue et le pied fait de deux cornes noires.

Balthasar haussa les épaules. Il savait que les jambes et les pieds de Balkis étaient faits comme les pieds et les jambes des autres femmes et parfaitement beaux. Pourtant cette idée lui gâta le souvenir de celle qu'il avait tant aimée. Il fit comme un grief à Balkis de ce que sa beauté n'était pas sans offense dans l'imagination de ceux qui l'ignoraient. À la pensée qu'il avait possédé

宦官のマンケラもあるときそれに気づいたらしく、たいそう喜んだ。そしてある日、バルタザールにこう言った。
　「陛下、教えてくださいまし。バルキス女王の金のドレスの下には、ヤギのような先の割れたひづめが隠れているのですよね」

　「誰がそんなくだらないことを言ったのだ？」バルタザールは尋ねた。

　「シバでもここエチオピアでも、皆そう信じておりますよ。どちらの国でも、バルキス女王はヤギみたいに脚に毛が生えていて、足先は割れて２つの黒いひづめがあると広く噂されております」マンケラが答えた。
　バルタザールは肩をすくめた。バルキスの脚も足先も他の女と変わらないことを、しかも非の打ちどころがないほど美しいことを知っていたからである。とはいえ、その話を聞いてから、あれほど愛していたバルキスの思い出に傷がついたのも事実だった。バルキスはあんなにも美しいというのに、本人を知らぬ者たちの勝手な想像の中では、無礼なことを言われ放題なのだ。それを思うと、バルタザールはバルキスが急につまらない女に思え、そのことでバルキスを非難したいような気持ちになった。本当のところは美しい見事な女だとはいえ、世間で怪物扱いされているような女と

une femme, bien faite en réalité, mais qui passait pour monstrueuse, il éprouva un véritable malaise et il ne désira plus revoir Balkis. Balthasar avait l'âme simple ; mais l'amour est toujours un sentiment très compliqué.

À compter de ce jour, le roi fit de grands progrès en magie et en astrologie. Il était extrêmement attentif aux conjonctions des astres et il tirait les horoscopes aussi exactement que le sage Sembobitis lui-même.

— Sembobitis, disait-il, réponds-tu sur ta tête de la vérité de mes horoscopes ?

Et le sage Sembobitis répondait :

— Seigneur, la science est infaillible ; mais les savants se trompent toujours.

Balthasar avait un beau génie naturel. Il disait :

愛しあったのかと思うと、心底不愉快になったのだ。もうバルキスに会いたいとも思わなかった。バルタザールは単純な心の持ち主だった。だから、普通なら、こんな複雑な感情は持たない。だが、恋とはいつでも複雑な感情をもたらすものなのである。

　その日を境に、バルタザールは方術(ほうじゅつ)と占星術を熱心に学び、大きく進歩した。星々の合(ごう)や朔(さく)を注意深く観察し、サンボビティスと同じくらい正確に星を読めるようになったのである。
　そんなある日、バルタザールは言った。
「サンボビティス、おまえは私が星を読みまちがうことがあると思うか？　私の読みはまちがっていないと命にかけて保証できるか？」
　サンボビティスは慎重に答えた。
「陛下、学問そのものに誤りはございません。しかし、学者というものは常に誤りを犯すものでございますから……」
　だが、その言葉はバルタザールにはあてはまらなかった。バルタザールには星読みとしての天性の才があったのだ。バルタザールは言った。

— Il n'y a de vrai que ce qui est divin et le divin nous est caché. Nous cherchons vainement la vérité. Pourtant voici que j'ai découvert une étoile nouvelle dans le ciel. Elle est belle, elle semble vivante et, quand elle scintille, on dirait un œil céleste qui cligne avec douceur. Je crois l'entendre qui m'appelle. Heureux, heureux, heureux, qui naîtra sous cette étoile ! Sembobitis, vois quel regard nous jette cet astre charmant et magnifique.

Mais Sembobitis ne vit pas l'étoile parce qu'il ne voulait pas la voir. Savant et vieux, il n'aimait pas les nouveautés.

Et Balthasar répétait seul dans le silence de la nuit :

— Heureux, heureux, heureux, qui naîtra sous cette étoile !

＊ divin 神なるもの　＊ scintiller きらめく

「確かに、この世には神なるもののほかに真実などない。しかも、その神なるものは、我々の目から隠されている。だから、我々が真実を求めるのは虚しいことなのだろう。しかし私は今、空に新しい星を見つけた。その星は美しく、まるで生きているようだ。その星がきらめくと、まるで神の目が穏やかにまばたきしているように見える。これは一つの真実を告げているのではなかろうか。私には星が呼ぶ声が聞こえる気がする。ああ、なんという幸せか。あの星の下に生まれる者の、なんと幸せなことか。サンボビティス、おまえもあの星を見るといい。あのすばらしい星が我々に投げかける視線をとらえてみよ」

　だが、サンボビティスにはその星が見えなかった。見ようとしなかったからである。学者であり老人でもあるサンボビティスは、もはや新しいことを望まなかったのだ。

　バルタザールは夜の静寂(しじま)の中でひとり何度も言った。

「ああ、なんという幸せか。あの星の下に生まれる者の、なんと幸せなことか」

V

Or, le bruit s'était répandu dans toute l'Éthiopie et dans les royaumes voisins que le roi Balthasar n'avait plus d'amour pour Balkis.

Quand la nouvelle en parvint au pays des Sabéens, Balkis s'indigna comme si elle était trahie. Elle courut vers le roi de Comagène qui oubliait son empire dans la ville de Saba, et elle lui cria :

— Mon ami, savez-vous ce que je viens d'apprendre ? Balthasar ne m'aime plus.

— Qu'importe ! répondit en souriant le roi de Comagène, puisque nous nous aimons.

— Mais vous ne sentez donc pas l'affront que ce roi me fait ?

— Non, répondit le roi de Comagène, je ne le sens pas.

＊bruit　うわさ　＊être trahi　裏切られた

V

　さて、バルタザールがもうシバの女王バルキスを愛していないという噂は、エチオピアだけでなく近隣の国々にも広まった。

　バルキスはシバの国まで伝わってきたその噂を聞くと、まるで裏切られたかのようにいきり立ち、すぐさまコンマゲネの王のところへと駆けつけた。コンマゲネの王は自分の王国のことなど忘れて、シバに滞在していたのである。
「あなた、わたくしが何を聞いたかご存知？　バルタザールはもうわたくしを愛していないらしいの」バルキスは叫んだ。
「かまわないではないか。私たちは愛しあっているのだから」コンマゲネの王は微笑みながら答えた。
「では、このわたくしがバルタザールから侮辱を受けたとは、感じないのね？」
「ああ、別に感じないが」

Elle le chassa ignominieusement et ordonna à son grand vizir de tout préparer pour un voyage en Éthiopie.

— Nous partons cette nuit même, dit-elle. Je te fais couper la tête si tout n'est pas prêt avant le coucher du soleil.

Puis, quand elle fut seule, elle se mit à sangloter.

— Je l'aime ! Il ne m'aime plus, et je l'aime ! soupirait-elle dans la sincérité de son cœur.

Or, une nuit qu'il était sur sa tour, pour observer l'étoile miraculeuse, Balthasar, abaissant le regard vers la terre, vit une longue file noire qui serpentait au loin sur le sable du désert comme une armée de fourmis. Peu à peu, ce qui semblait des fourmis grandit et devint assez net pour que le roi reconnût des chevaux, des chameaux et des éléphants.

* grand vizir 大宰相

バルキスは散々コンマゲネの王を罵ってから追いはらった。それから、大宰相を呼びつけると、エチオピアへの旅支度を整えるよう命じた。
「今夜のうちに出発します。もし日が沈むまでに準備が整っていなければ、首をはねる」

　それから一人になると、バルキスはさめざめと泣きはじめた。
「わたくしはあの人を愛しているのよ。バルタザールがもうわたくしを愛していないなんて……。でも、わたくしは愛しているのよ」そして、心からのため息をついた。
　さて、そうとは知らずバルタザールのほうは、ある夜、いつものように塔に上りあの不思議な星を見上げていた。が、ふと視線を下界に向けると、遠くの砂漠で長く黒い線がうねっているのが見えた。それはまるでアリの大群のようだった。やがて少しずつそのアリのようなものは大きくなり、近づくにつれ、馬やラクダや象の姿がはっきりと認められるようになってきた。

La caravane s'étant approchée de la ville, Balthasar distingua les cimeterres luisants et les chevaux noirs des gardes de la reine de Saba. Il la reconnut elle-même. Et il fut saisi d'un grand trouble. Il sentit qu'il allait l'aimer encore. L'étoile brillait au zénith d'un éclat merveilleux. En bas, Balkis, couchée dans une litière de pourpre et d'or, était petite et brillante comme l'étoile.

Balthasar se sentait attiré vers elle par une force terrible. Pourtant, il détourna la tête en un effort désespéré et, levant les yeux, il revit l'étoile. Alors l'étoile parla et dit :

« Gloire à Dieu dans les cieux et paix sur la terre aux hommes de bonne volonté !

« Prends une mesure de myrrhe, doux roi Balthasar, et suis-moi. Je te conduirai aux pieds du petit enfant qui vient de naître dans une étable, entre l'âne et le bœuf.

« Et ce petit enfant est le roi des rois. Il consolera ceux qui veulent être consolés.

✳ cimeterre 三日月刀 ✳ trouble 動揺 ✳ Dieu 神

そのうちに、隊列は都のそばまでやってきた。今や三日月刀が光るさまやシバの女王の衛兵隊の黒い馬も見えている。シバの女王その人の姿も……。バルキス本人を目にすると、バルタザールは心が大きく揺れ動いた。もう一度バルキスを愛してしまいそうだったのだ……。天頂では、あの星がまばゆいほどに輝いていた。下では、バルキスが緋色と金色の輿に横たわり、星のように小さく輝いている。

　このままでは恐ろしいほどの力で、バルキスへと引き寄せられてしまいそうだった。だが、バルタザールは必死に抗い、バルキスから顔を背けた。空を見上げ、再びあの星を見た。と、そのとき、星が語りかけてきた。

「天上の神に栄光あれ。地上のよき者たちに安らぎあれ。

　温厚なる王、バルタザールよ、一升の没薬を手にし、我があとに続くのです。我がそなたを幼子のもとへと導きましょう。幼子は厩の中で、ロバと牛に囲まれて生まれました。
　幼子はやがて諸王の中の王となります。そして慰めを求める人々を慰めてくれることでしょう。

« Il t'appelle à lui, ô toi, Balthasar, dont l'âme est aussi obscure que le visage, mais dont le cœur est simple comme celui d'un enfant.

« Il t'a choisi parce que tu as souffert, et il te donnera la richesse, la joie et l'amour.

« Il te dira : Sois pauvre avec allégresse ; c'est là la richesse véritable. Il te dira encore : La véritable joie est dans le renoncement à la joie. Aime-moi, et n'aime les créatures qu'en moi, car seul je suis l'amour. »

À ces mots, une paix divine se répandit comme une lumière sur le visage sombre du roi.

Balthasar, ravi, écoutait l'étoile. Et il se sentait devenir un homme nouveau. Sembobitis et Menkéra, prosternés le front contre la pierre, adoraient à son côté.

神はそなたを呼ばれました、バルタザールよ。今そなたの魂は、その肌の色のようにかげっています。だが、そなたの心は子どものように純真です。

　神はそなたをお選びになりました。それは、そなたが苦しんでいるからです。神はそなたに富と喜びと、そして愛をもたらしてくださることでしょう。

　神は言われるでしょう。歓喜をもって貧しくあれ。そこに本当の富があるのだ、と。神はこうも言われるでしょう。真の喜びは、喜びを手放すことにある。我を愛し、我の中の生きとし生けるもののみを愛せ。我のみこそが愛なのだから、と」

　星の言葉を聞くうちに、バルタザールはみるみる晴れやかな顔つきになっていった。顔全体に神の平穏とでも言うべき静かな光が広がっていく。

　静謐な喜びに満たされながら、バルタザールは星の言葉に耳を傾けた。自分がこれまでとはちがう、まったく新しい人間に生まれ変わった気がした。サンボビティスとマンケラは、額を石の床にこすりつけるようにしてひれ伏し、バルタザールの横でひたすら拝している。

La reine Balkis observait Balthasar. Elle comprit qu'il n'y aurait plus jamais d'amour pour elle dans ce cœur rempli par l'amour divin. Elle pâlit de dépit et donna l'ordre à la caravane de retourner immédiatement au pays de Saba.

Quand l'étoile eut cessé de parler, le roi et ses deux compagnons descendirent de la tour. Puis, ayant préparé une mesure de myrrhe, ils formèrent une caravane et s'en allèrent où les conduisait l'étoile. Ils voyagèrent longtemps par des contrées inconnues, et l'étoile marchait devant eux.

Un jour, se trouvant à un endroit où trois chemins se rencontraient, ils virent deux rois qui s'avançaient avec une suite nombreuse. L'un était jeune et blanc de visage. Il salua Balthasar et lui dit :

そのあいだ、バルキスのほうは、バルタザールの様子を下からじっと見つめていた。そして悟った。今やバルタザールの心は神の愛でいっぱいで、もはや自分を愛することなどないのだ。バルキスは悔しさに青ざめながら、隊列に向けてただちにシバの国へと引き返すよう命じた。

　さて、星の言葉が終わると、バルタザールはサンボビティスとマンケラと共に塔を降りた。そして一升の没薬を用意すると、隊列を組み、星の導く場所へと向かった。バルタザール一行は長い旅をし、見知らぬ地をいくつも通り過ぎた。そのあいだ、星はいつもバルタザールたちを導き、前を進んでいった。

　やがてある日、3つの道が合流する場所に来たとき、バルタザール一行は大勢の従者を連れた2人の王がやってくるのに出会った。2人のうち、まず白い肌をした若い王がバルタザールに挨拶をして、こう言った。

✳ BALTHASAR ✳

— Je me nomme Gaspar, je suis roi et je vais porter de l'or en présent à l'enfant qui vient de naître dans Bethléem de Juda.

Le second roi s'avança à son tour. C'était un vieillard dont la barbe blanche couvrait la poitrine.

— Je me nomme Melchior, dit-il, je suis roi et je vais porter de l'encens à l'enfant divin qui vient enseigner la vérité aux hommes.

— J'y vais comme vous, répondit Balthasar ; j'ai vaincu ma luxure, c'est pourquoi l'étoile m'a parlé.

— Moi, dit Melchior, j'ai vaincu mon orgueil, et c'est pourquoi j'ai été appelé.

— Moi, dit Gaspar, j'ai vaincu ma cruauté, c'est pourquoi je vais avec vous.

Et les trois mages continuèrent ensemble leur voyage. L'étoile qu'ils avaient vue en Orient les précédait jusqu'à ce que, venant au-dessus du lieu où était l'enfant, elle s'y arrêta.

✳ roi 王　✳ or 黄金　✳ encens 乳香　✳ luxure 邪淫　✳ orgueil 高慢さ
✳ cruauté 残酷さ　✳ trois mages （ここでは）三賢者

「私の名はガスパール。王であり、ユダヤのベツレヘムで生まれた幼子のもとへ、黄金を捧げにいくところです」

次に、もう一人の王も進み出た。こちらは胸を覆うほどの白いひげを蓄えた老人である。
「私の名はメルキオール。王であり、人々に真実を教えにきた神の幼子のもとへ、乳香を捧げにいくところです」

それに答えて、バルタザールも言った。「私もあなた方と同じく幼子のもとへ向かっています。私は邪淫(じゃいん)を克服しました。だから、星は私に語りかけたのです」
「私は高慢さを克服しました。だから、私は呼ばれたのです」メルキオールが言う。
「私は残酷さを克服しました。だから、私はあなた方と共に行くのです」ガスパールも言った。
それから三賢者はそろって旅を続けた。東方で見た星はいつも3人の前を進み、導いてくれた。そして、あるときついに星は歩みを止めた。幼子のいる厩(うまや)にたどり着いたのだ。

Or, en voyant l'étoile s'arrêter, ils se réjouirent d'une grande joie.

Et, entrant dans la maison, ils trouvèrent l'enfant avec Marie, sa mère, et, se prosternant, ils l'adorèrent. Et, ouvrant leurs trésors, ils lui offrirent de l'or, de l'encens et de la myrrhe, ainsi qu'il est dit dans l'Évangile.

星が動きを止めたのを見ると、3人は大きな喜びに包まれた。

そして、馬小屋の中に入り、幼子が母マリアの胸に抱かれているのを見た。3人はひれ伏し、幼子をあがめた。それから、それぞれの宝の箱を開き、黄金と乳香と没薬とを幼子に贈った。このあたりの話は、東方の三博士として福音書に記されているとおりである。

❄ 作家紹介

アナトール・フランス（FRANCE, Anatole 本名：ジャック＝アナトール＝フランソワ・ティボー）【1844–1924】は、フランスの小説家・詩人・批評家。

軍人上がりの父が店主を務めるパリの古書店"Librairie Thibaut-France"（リブレリ／ティボー／フランス）（後に Librairie France）は、アナトール少年の幼い頃からの遊び場だった。フランス大革命期の本や資料を専門に取り扱うその書店には多数の著名作家やジャーナリストも出入りしていたという。アナトール少年の歴史や書籍、そして人間観察への興味も早くからこの書店で育まれたのではないだろうか。

パリの名門校コレージュ・スタニスラスで学び、バカロレアを取得した後、まずは詩作、そして、小説の創作活動に転じる。

1896年にはアカデミーフランセーズ会員に選出。1921年にはノーベル文学賞を受賞した。

❄『バルタザール』をより深く理解するために

『バルタザール』は、アナトール・フランスが新約聖書のたった数行の短い逸話に発想を得た、彼の初期の作品の一つです。

それはこんな逸話です。

> 「幼子イエスが侘（わび）しい家畜小屋で生まれ、飼葉桶に寝かされていた時、"ユダヤの王がお生まれになったのはこちらですか？"と、訪ねてきたのは、ベツレヘムの星に導かれ、黄金、乳香、そして没薬という高価な贈り物を献上しに、遠路をものともせずにやってきた"東方の博士"（マージュ）＊でした」

聖書に記されているのは実際には、たったこれだけです。「王であった」、「王で

あり賢者（Rois-Mages）であった」、「3人である」、などは、後世、付け加えられていったことのようです。
　しかしながら、王=博士（ロア　マージュ）は、実はあまり無理がありません。洋の東西を問わず、帝（みかど）や王様の役割は暦（こよみ）をつくること、つまり、いつ畑の準備をしたり、種まきをしたりするかを決め、民に知らせるのが役割なのですから、星読み（占星術）ができなくては困るわけです。**
　では、贈り物の方はどうでしょう。黄金は王権を象徴し、乳香は神聖性を、そして没薬は人間性と死の苦しみを象徴し、博士たちはどの捧げものを幼子イエスが選ぶかを見ることでその将来を見極める役目を担っていたのだ、とある時代の"教会"は解釈しています（この説ではイエスは没薬を選んでいることになっています）。
　時代が変わると、捧げにきた博士を「三賢人」「三博士」とし、人数を3人に絞りました。また、それぞれにメルキオール（老齢・インドペルシャ系）、バルタザール（壮齢・肌の黒いアラブ系）、ガスパール（若齢・白人系）という名前を当て、役割を振り分けたのです。三博士は人種も年齢も様々で、"当時の世界"を表すすべての代表者（ただし女性を除く）が、幼子イエスの誕生を喜んでいるという巧みな演出がなされたのだと言えましょう。
　教会によってはクリスマス・ツリーではなく、降誕の場（クレッシュ créche / プレセピオ precepio）が飾られているところもあります。今年のクリスマスは、ぜひ、そこで誰がバルタザールなのか、探してみてください。

* ギリシャ語で天文学者のこと。
** 最近日本でもはやりの Galette des Rois の Rois が王様ではなく、この賢者たちのことだとお分かりいただけましたね。

LA NOËL DE MARTHE

マルトのクリスマス

Le BRAZ, Anatole
アナトール・ル=ブラース

ブルターニュのある町で、重い病にふせっている病弱な少女マルト。マルトは体が弱いせいで、これまで生きてきた9年間、ずっと苦しい思いばかりしていた。けれども、その年のクリスマスの夜、ある出来事がきっかけで、初めて心が晴れ晴れとする。それはちょっと不思議な出来事だった……。清らかな喜びに満ちた悲しくも美しい物語。

La Noël de Marthe

La neige tombait doucement à flocons mais, comme une ouate silencieuse assourdissant le bruit des cloches qui, dans la basse ville, tintaient Noël.

Monsieur Daunoy, président du tribunal civil, écoutait d'une oreille distraite le carillon monotone saluant la venue de l'Enfant Dieu depuis la chambre de sa fille Marthe.

Il était assis avec sa femme tous deux assis de chaque côté de la cheminée où flambait un feu vif. Dans l'appartement étroit planait une tristesse lourde.

---

* ouate 綿　* président du tribunal civil 民事裁判所長　* carillon 鐘の音
* Enfant Dieu 神の子

マルトのクリスマス

　雪がしんしんと降るクリスマスの夜のことでした。海に近いその町で、雪はまるで真綿のように、クリスマスを祝う鐘の音をしんと包みながら降っていました。雪に包まれ鐘の音は、町に鈍く響いていました。

　神の子イエスの誕生を讃える鐘の音——その単調な調べは、この町の民事裁判所長、ドノワ氏の家にも響いていました。ドノワ氏は娘のマルトの子ども部屋にいましたが、お祝いの鐘の音もいっこうに耳に入ってきません。娘のマルトが病気だったからです。

　そばにはドノワ夫人もいて、暖炉の反対側に座っています。暖炉の炎はあかあかと燃えていましたが、小さな部屋には行き場のない悲しみが重くたれこめていました。

Elle, gardait les mains jointes, dans une attitude abandonnée, au bout de ses cils, baissés à demi, une larme tremblait par instants, puis s'égouttait ; lui, avait le buste penché en avant, les coudes aux genoux et maniait d'un geste machinal les pincettes.

On n'entendait dans le silence que le fusement léger des bûches, parfois un pétard soudain qui secouait les étincelles.

Si ! L'on entendait encore, mais à peine perceptible, une respiration oppressée qui tantôt semblait près de s'éteindre, et tantôt, devenait stridente comme le râle d'un soufflet crevé.

Cela partait d'un petit lit de bambou : voici treize jours, que leur pauvre fille unique Marthe gisait là. Elle avait toujours été chétive et grêle. La première fois qu'elle avait ouvert en ce monde ses yeux d'un gris pâle, on y avait pu lire la nostalgie vague d'un autre pays quitté à regret, et ils n'avaient plus perdu

* pincettes 火ばさみ * fille unique 一人娘

ドノワ夫人は、祈るように手を合わせ、運を天に任せたような姿をしていました。半ば伏せたまつげの先で、ときどき涙の粒が揺れ、ぽたりとこぼれ落ちていきます。ドノワ氏のほうは、前かがみの姿勢で膝の上に肘をつき、機械的なしぐさで暖炉の火ばしをもてあそんでいました。

　静まりかえった部屋の中で、聞こえてくるのは薪がぱちぱちと燃える音、それからときおり火の粉がぱっとはぜる音くらいでした。

　いえ、耳を澄ませば、ほかにもかすかな音がしていました。ほとんど聞きとれないほどの、苦しそうな息づかいが聞こえてくるのです。息づかいは、ときには消え入りそうになり、ときには穴の空いたふいごのように、ひゅうひゅうと高くかすれています。
　それは竹製の小さなベッドから聞こえていました。マルトでした。もう13日間も、ドノワ夫妻の一人娘、マルトは生死の境をさまよいながら、ベッドに横になっていたのです。もともと生まれたときから、マルトは身体が弱くやせ細った子どもでした。この世に生を授かり初めて目を開いたとき、その薄墨色の瞳には、ぼんやりとした憂いが垣間見えていました。まるで心ならずも去ってしまった場所を懐かしんでいるような、ここではないどこかに

cette expression désolée. Maintenant elle achevait de mourir à neuf ans, dans cette vieille maison penchée haut sur son dos de colline où s'éparpillait, face à la mer, un calme faubourg de petite ville bretonne, elle achevait de mourir, tandis que naissait Jésus, le Dieu de l'enfance, aux joues roses, aux boucles blondes, qu'on l'avait menée voir à la cathédrale, une nuit précédente, et qui lui avait souri si mignonnement de sa couchette de paille, sous les branches de sapin qui figuraient le toit de la crèche.

— Mère ! murmura une voix si faible qu'on eût dit un souffle.

Madame Daunoy, dressée en sursaut, se penchait déjà sur le lit ; le président s'était levé derrière elle avec précaution…

— Je suis là, Marton chérie !

✻ Marton　マルトの愛称

郷愁を抱いているような、そんな表情をたたえていたのです。それからずっと、マルトからその憂いの影が消えることはありませんでした。そうして今、丘の上の古い家で、マルトは9歳の命を終えようとしていました。マルトの家は、ブルターニュの小さな町の丘の背にある静かな界隈にありました。海を見おろすようにして、家々がぽつりぽつりと建つその場所で、マルトは死を迎えようとしていたのです。その昔、キリストが誕生したその同じ日に……。数日前のある晩に、マルトはキリスト誕生の場面の飾りを見るために大聖堂に連れていってもらっていました。モミの枝を馬小屋の屋根に見立てたその飾りの下で、そのときに見た赤ちゃんのキリストはバラ色の頬と金色の巻き毛をして、わらの寝床からとてもかわいらしくマルトに微笑んでくれていました。

　「お母さま」マルトはまるで吐息のような消え入りそうな声でささやきました。

　その声に、ドノワ夫人ははじかれたように立ち上がり、すぐさまベッドに身をかがめました。ドノワ氏も夫人の後ろにそっと立ちました。

　「ここにいるわ、マルト」

— Les cloches qu'on entend, c'est pour Noël, n'est-ce pas ?

— Oui, ma mie : elles t'ont réveillée, les vilaines cloches !

— Oh ! J'en suis bien contente... Arrange mes oreillers, dis, que je les entende mieux...

Comme pour répondre à l'appel de la pauvre malade, le carillon précipitait ses notes, les envoyait plus vibrantes à travers l'espace.

— Mère, qu'est-ce qu'elles disent ainsi, les cloches ?

— Elles disent qu'il faut dormir bien sagement, quand on est souffrante, fit le président qui s'était glissé jusqu'au chevet du lit.

Marthe leva vers lui ses yeux agrandis par la fièvre.

À ce moment, de la route qui longeait la grille du jardin, un chant monta, une de ces plaintives mélopées en langue bretonne que les petits gueux du pays vont bramant de porte en porte, la nuit de la Nativité.

﹡ gueux 乞食・物乞い ﹡ nuit de la Nativité キリスト降誕の夜

「あのね、鐘の音がするの。クリスマスだからでしょ？」

「ええ、そうよ。マルトはそのせいで目が覚めたのね。いけない鐘だこと」

「ちがうの、わたし、うれしいの……。ねえ、枕を動かして。もっとよく聞きたい……」

そんなマルトの願いに応えるように、今や鐘はカランカランと高らかにその音色を響かせていました。夜空を通りぬけ、美しい音色はいっそう豊かに伝わってきます。

「お母さま、こんなに鳴って、鐘はなんて言っているの？」

すると、ドノワ氏が枕元まで顔を寄せて答えました。

「具合の悪いときは、いい子で寝ていなくちゃいけない、って言っているんだよ」

マルトはドノワ氏のほうを見ました。その目は熱に浮かされたように大きく見開かれています。

と、そのとき、庭の鉄柵に面した道から、歌声が聞こえてきました。ブルターニュの言葉で施しを求める悲しげな歌でした。このあたりの物乞いの子どもたちが、キリスト降誕の夜に、大声で歌いながら家々をまわっているのです。

Quelle est celle qui vient là-bas, si lentement ?
C'est la Mère de Dieu qui fit le firmament ;
C'est la Mère de Dieu qui fit la terre douce,
Et la fleur qui fleurit, et le blé vert qui pousse !
Avec sa robe blanche, avec son manteau bleu,
Elle vient lentement, car elle porte un Dieu...

En ces vers naïfs, d'un accent presque biblique, se déroulait ainsi peu à peu toute la gracieuse histoire de l'étable galiléenne.

Puis, transformé soudain en une sorte de lamento, de supplication dolente, l'hymne concluait :

C'est pour les pauvres gens que Jésus est venu...
Nous n'avons pas de pain et notre corps est nu.
À tous qui sont ici présents, salut et joie !
C'est le Dieu de pitié qui vers vous nous envoie.
D'entre ceux qui mourront nul ne sera damné,
S'il fait l'aumône à ceux pour qui Jésus est né.

✻ galiléenne ガリラヤの ✻ aumône 施し物

ゆっくりと進みこられる　かの方は
　　蒼い天　お造りになる　神の母
　　豊かな地　お造りになる　神の母
　　やがて花はおおいに咲き、青い麦はすっくと伸びる
　　白い衣(きぬ)　青のマントをまとい　かの方は
　　ゆっくりと進みこられる　神をやどし身なればこそ

　こんな聖書風の素朴な歌詞にのせて、子どもたちは、ガリラヤの馬小屋で幼子イエスが生まれたすばらしい物語を歌で少しずつ紡いでいました。

　けれども、歌は不意に悲しげな旋律へと変わり、哀願するような調子でこう締めくくられました。

　　神の子イエスが生まれしは　貧しき者を救うため
　　パンもなく　着る服とてない　わたしたち
　　世のなんびとにも　救いあれ　喜びあれ
　　神は哀れみ　あなたのもとへ　わたしたちをつかわした
　　神の子イエスが生まれしは　貧しき者を救うため
　　貧しき者への施しは　無のうちに死す者たちを　地獄から救いたまうもの

On venait de frapper discrètement.

— Entrez !

C'était Guillemette, l'une des bonnes, la préférée de Marthe, et qui la veillait depuis plusieurs nuits.

— Monsieur donne-t-il quelque chose ?... Ce sont les petits mendiants qui font cuignawa (qui demandent leurs étrennes).

— Voilà, et qu'ils aillent piailler assez loin pour qu'on ne les entende plus ! grommela le président, en tirant de son gousset une pièce blanche et en la déposant dans la main tendue de la servante.

— Non ! Je ne veux pas ! gémit la petite malade... Guillemette !

La bonne se rapprocha, d'un pas étouffé.

— Guillemette, continua l'enfant, tu emmèneras l'un d'eux jusqu'ici ; c'est moi qui remettrai la cuignawa.

＊ bonne 女中　＊ cuignawa（ブルトン語で）心づけ。ここでは歌に対する施し、心づけ

そのとき、部屋のドアがそっとノックされました。
「お入り」
　ドノワ氏が言うと、女中のギユメットが入ってきました。マルトの一番のお気に入りの女中で、数日前から夜のあいだマルトに付き添ってくれていたのです。
「ご主人様、あの子たちに何かやりますか？　クリスマスの施しを欲しがっているようなんですが……」
「それなら、これを渡しなさい。これで、あの騒々しい歌も遠くに行って、聞こえなくなるだろう」ドノワ氏はそう言うと、ポケットから銀貨を一枚取り出し、ギユメットの手に渡しました。
　それを見ると、マルトは苦しげな声をあげました。
「待って……。だめよ、ギユメット」

　足音を立てずに、ギユメットがそばに来ました。
「ギユメット」マルトは続けました。「あの子たちの一人を連れてきて。わたしが施しをするから」

Le président avait haussé les épaules, d'un air résigné, en regardant sa femme. Et tous deux échangèrent cette réflexion muette : « Caprice de Marthe, chose sacrée ! »

— Père, tu vas, s'il te plaît, m'apporter ma bourse : elle est là, dans ce meuble.

Du doigt, de son grêle doigt maigre, Marthe désignait sur une console une corbeille emplie de jouets d'enfant.

M. Daunoy les sortit l'un après l'autre, et finit par exhiber un petit porte-monnaie d'ivoire.

— C'est ça ?

— Oui ! Donne.

On frappait à nouveau. Sur le seuil de la chambre un bambin apparut que Guillemette bousculait par-derrière, pour le contraindre à avancer. Il pétrissait dans ses mains une loque vague qui avait dû être un béret et il marchait d'un pied hésitant, n'appuyant que sur son orteil, ayant quitté ses sabots au bas de l'escalier.

ドノワ氏は夫人のほうを見ながら肩をすくめました。夫人もそっとうなずきました。仕方がない、マルトの好きにさせてやろうと……。

「お父さま、お願い、わたしのお財布を取ってくれる？　そこに、その中に入ってるから」
　やせた細い指で、マルトは小卓の上にあるかごを指さしました。かごはおもちゃでいっぱいです。

　ドノワ氏はおもちゃを一つ一つ取り出し、最後に、象牙でできた小さな小銭入れを出しました。
「これかい？」
「そう、それよ。こっちにちょうだい」
　そのとき、再びドアがノックされました。ドアが開くと、戸口には少年が立っていました。ギュメットが背中を押し、前に進むよう促しています。少年は脱いだ帽子を両手でくしゃくしゃに握っていました。もとはベレー帽とおぼしきものでしたが、今ではぼろ切れのようになっています。階下で木靴を脱いできたらしく、少年はつま先立ちで、おそるおそる歩いていました。顔立ちはほっそりとしていますが、髪はぼさばさで、金髪の

Sa figure, très fine, était comme embroussaillée de grandes mèches blondes, à travers lesquelles ses yeux luisaient, limpides, ainsi que deux sources d'eau vive où se mirent des branches enchevêtrées de saules rouillés par l'automne ; presque immédiatement au-dessous ses lèvres rouges éclataient comme une fleur de sang.

Il s'achemina droit vers elle, de son allure de somnambule inquiet.

— Comment t'appelles-tu ? interrogea Marthe.

— Jean !

— Jean qui ?

— On ne m'appelle que Jean.

— Combien êtes-vous dehors ?

— Il y a Pierre et Madeleine et Jacques, et Joseph, et Nicodème...

* embrouissaillé　もじゃもじゃの（髪）　* enchevêtré（茨のように）もつれた
* somnambule　夢遊病者

房が目にかかっていました。けれども、その髪の向こうには澄んだ瞳が輝いていて、まるで清水が湧く2つの泉のようでした。瞳に映る髪のもつれは、あたかも2つの泉が秋に黄色く色づいた柳の枝の絡まりを映しているかのようでした。澄んだ瞳の下には、血の花がぱっと咲いたような真っ赤な唇がありました。

　おぼつかない不安げな足取りながらも、少年はマルトのほうにまっすぐ歩いてきました。少年がそばまで来ると、マルトは尋ねました。

「名前はなんていうの？」

「ジャンだよ！」

「ジャン、苗字は？」

「ないんだ。みんな、名前のジャンだけでぼくを呼ぶよ」

「外のお友だちは、全部でどれだけいるの？」

「ピエールに、マドレーヌに、ジャックに、あとはジョゼフとニコデムと……」

— Et toi, interrompit la malade, en souriant, voyant qu'il avait parcouru ses cinq doigts sur lesquels il comptait les noms et qu'il s'arrêtait comme embarrassé, avant de poursuivre l'énumération.

— Oui, moi, et mon frère aîné qui aurait dû être avec nous, mais qui est mort.

— Ah ! ... y a-t-il longtemps qu'il est mort ?

— Je ne sais pas.

Il y eut un silence. La petite malade avait clos ses paupières et semblait réfléchir. Brusquement elle les rouvrit et s'efforça de rassembler en un faisceau la lumière éparse de ses yeux, pour fixer le mendiant.

— Prends ceci, fit-elle, en lui présentant le minuscule porte-monnaie d'ivoire. Tu distribueras ce qu'il contient à tes compagnons, en souvenir de moi et de ton frère aîné qui est mort.

Ni le président, ni sa femme ne s'interposèrent : « Caprice de Marthe, chose sacrée ! »

「それから、あなたね」マルトは微笑みながら、ジャンと名乗った少年の言葉を引き取りました。ジャンが名前を挙げながら5本の指を使いはたしたところで、口ごもり、続きを数えるのに困ってしまったように見えたからです。

「そう、ぼくと、それからお兄ちゃん。本当はお兄ちゃんも一緒にいるはずだったんだけど、死んじゃったんだ」

「そうだったの……。お兄さんが死んじゃってからずいぶんたつの？」

「わからない」

沈黙が流れました。マルトはまぶたを閉じて、じっと何かを考えているふうでした。それから不意にまぶたを開くと、ぼんやりとした目の焦点を何とか定め、散らばった光を一つに束ねるようにして、ジャンをじっと見つめました。

「これをあげる」マルトは象牙でできた小さな小銭入れを、ジャンに差し出しました。「みんなで中のお金を分けあってね。わたしの思い出に。それから死んだお兄さんの思い出に」

そんなマルトを、ドノワ氏もドノワ夫人も何も言わずに見守っていました。これでいい、マルトの好きにさせてやろうと……。

Guillemette poussait déjà le bambin par l'épaule et disparut avec lui, après avoir refermé la porte doucement.

— Ils vont être bien contents, n'est-ce pas, père ?

— Je le crois : ils n'auront jamais été à pareille fête. C'est une Noël dont ils se souviendront.

Une immense clameur de joie s'éleva dans la rue. S'ils étaient contents, les pauvres petits Bretons dépenaillés ! ... Ils le témoignaient à leur façon, par cette espèce de hurrah sauvage, par ce trugaré (merci), retentissant, qui fit trembler les vitres de la chambrette et se prolongea très loin, rejeté par de mystérieux échos, dans la solennité de la nuit.

Marthe eut dans ses yeux pâles une flamme, reflet de cette allégresse enfantine qui éclatait au-dehors ; une vibration parcourut sa petite chair moribonde affaissée sous les couvertures.

マルトが財布を渡すとすぐに、ギユメットは外に出るようジャンの肩を押しました。ドアが静かに開いて閉じ、ギユメットに連れられてジャンは部屋から出ていきました。

「あの子たち、きっと喜んでくれる。そうよね、お父さま？」

「ああ、喜ぶさ。こんなクリスマスは、後にも先にもないだろうからね。きっと、思い出に残るクリスマスになるんじゃないかな」

　そのとき、通りのほうから、わっと大きな歓声があがりました。マルトの施しがよほど嬉しかったのでしょう。ぼろをまとった貧しい子どもたちが喜びの声をあげたのです。子どもたちは自分たちなりの方法で——粗野な歓声とでもいうような叫びで、あるいは感謝の言葉で——喜びを表現していました。とてもよく響く声だったので、マルトの部屋の窓ガラスを震わせるほどでした。おごそかな夜の中、子どもたちの喜びは不思議なこだまとなって響きあい、子どもたちが家の前から離れてもなお、遠くに聞こえつづけました。

　そんな子どもたちの歓声に、それまで生気のなかったマルトの目にも命のともしびのようなものがぽっと灯りはじめました。外でわき起こった子どもたちの喜びが、マルトの心にも映し出されたのです。布団の中で弱りはて死にそうになっていたマルトの小さな体に、歓喜の震えが走りぬけました。

Le président et sa femme ne lui avaient jamais vu cette expression de béatitude. Pour la première fois dans sa figure mate, si lasse, si rongée d'ennui, transparaissait une joie d'être. Ils ne bougeaient, ils ne parlaient, ni l'un ni l'autre, craignant de faire envoler d'un geste, d'un mot, d'un souffle, ce semblant de vie, de chaleur frémissante qui se prenait à pénétrer le corps de l'enfant.

Marthe elle-même, comme pour mieux retenir en elle cette ivresse inconnue, avait abaissé ses paupières et ne respirait qu'avec une précaution discrète, étonnée d'être si « aise » de se sentir comme baignée par une atmosphère subtile, qui l'envahissait toute, délicieusement. Elle qui n'avait jamais aimé à rien voir ni à se souvenir de rien, s'apercevait soudain que les neuf années qu'elle avait traversées, d'une allure si indifférente, comme un voyageur rompu de fatigue avant de se mettre en marche et qui va parce qu'il faut

ドノワ氏もドノワ夫人も、マルトがこれほど幸せに満ちた顔をするのを見たことがありませんでした。これまでマルトはいつも土気色の顔をして、疲れてふさぎこんでばかりでした。そんなマルトに、今初めて生きる喜びが現れていたのです。ドノワ氏もドノワ夫人も動くことができませんでした。話すこともできませんでした。もし少しでも動いたり、ひとことでも話して息をもらしたりしてしまったら、この生気のようなものが——突然マルトの体に入り込んできたふつふつとした熱のようなものが——ふっと飛んで消えてしまうのではないかと恐れたのです。

　マルト自身も、こんな夢見るような温かな気持ちになるのは初めてでした。もし目を開けたり口を開いたりしたら、この気持ちが逃げてしまうかもしれない。そう思うと、ついきゅっと目を閉じて、息をするときも自分の中の温かなものが逃げないようにそうっと口を開いてしまいました。こんなにも心がのびのびできるなんて……。それは驚きでした。なんともいえない柔らかな気持ちに心も体も満たされて、マルトは心からくつろいでいました。柔らかで温かなものに、マルトは今、全身を心地よく包まれていたのです。これまでマルトは何かを見るのも何かを思い出すのも好きだったことはありませんでした。けれども突然、気づいたのです。生まれてからたどってきた9年間がすばらしいもので満ちていたことに……。この9年間、マル

qu'il aille, et qui ne sait où on le mène et qui n'a même pas le cœur de s'en inquiéter, oui, elle s'apercevait que ces étapes douloureusement monotones avaient déposé en elle à mesure d'ineffables enchantements. Voici qu'elle la refaisait à rebours, la route parcourue ; et elle découvrait, aux deux bords, des fleurs qu'elle n'avait pas soupçonnées, combien doux s'exhalaient leurs parfums ! Des paysages, des choses jadis sans forme et sans couleur se révélaient à elle tout d'un coup, montaient, s'étageaient dans une buée de rêve, dans une sorte de vapeur finement bleutée qui les enveloppait d'une lumière idéale. Ce qu'elle avait gravi comme un calvaire, geignante sous le poids d'une croix qu'elle portait sans savoir comment elle l'avait pu mériter, se déroulait maintenant devant elle comme un paisible et suave horizon. Ah ! que c'était bon et comme elle se sentait bien. Ainsi, tandis qu'il neigeait, à flocons

トは何をする気にもなりませんでした。それはまるで、へとへとに疲れている旅人がまた歩き出すのに似ていたかもしれません。とにかく進まなければならないから歩くだけ、どこにたどり着くのかわからないけれど、それを不安がる心さえ失った旅人。マルトはそんな疲れはてた旅人のようでした。けれども、そう、今マルトは気づいたのです。あのつらく単調だった日々は、実は、言葉にできないほどの喜びを次々と与えてくれていたということに……。マルトは、これまで生きてきた道を逆向きにたどってみました。すると、道の両側には、今まで気がつかなかった花が咲いてました。花々はなんと柔らかな香りを放っているのでしょう！　また、かつては形も色もなく、ただぼんやりとしていた風景や出来事も、突然、目の前にくっきりと立ち現れました。夢見心地のもやの中で——かすかに青みがかった蒸気のようなものの中で——かつてのさまざまな風景、さまざまな出来事が色と形を持ちながら下から上へとだんだんに積み重なっていくのです。もやにはこの上なく美しい光が満ちていて、風景や出来事をその美しい光で包み込んでいます。これまでマルトは人生を受難の道のように感じながら登ってきました。背負った十字架の重さに苦しみうめき、なぜ自分がこんな目にあうのかわからないまま登ってきました。けれども今、目の前に広がるのは穏やかで甘美な地平線でした。ああ、それはなんとすばらしいこと

mous, sur les petits Bretons qui vont chantant Noël, de porte en porte, sur elle aussi une neige tombait, mais de pétales odorants qui lentement s'entassaient, se gonflaient sous la chère Marthe, et très loin de son corps souffreteux, berçait son âme dans un songe de vie joyeuse à vivre.

De ses paupières abaissées deux larmes avaient coulé sur les joues de l'enfant.

— Tu pleures, Marton ? As-tu plus mal ? interrogea anxieusement madame Daunoy.

— Oh ! non, mère, je suis heureuse, bien heureuse, bien heureuse ! murmura l'enfant, sans rouvrir les yeux. Si vous étiez gentils, père et toi, vous feriez monter Guillemette, et vous iriez vous coucher tous les deux. Moi, je vais dormir aussi : je suis si bien, si bien !

なのでしょう。そして、なんと気持ちがいいのでしょう。そう、雪は、クリスマスの歌を歌いながら家々をまわる子どもたちの上に柔らかく降りかかるとともに、マルトの上にも降っていました。ただし、マルトの雪はかぐわしい香りを放つ花びらのようで、ゆっくりとマルトのもとに積み重なり、膨らんでいきました。雪は、病弱なマルトの体のずっと遠くで、マルトの魂をそっとあやし、生の喜びにあふれた夢を見せてくれていました。

　マルトの伏せたまぶたから、いつしか二粒の涙がこぼれ、頬をつたっていました。
　それを見て、ドノワ夫人が心配そうに尋ねました。
「マルト、泣いているの？　どこか痛い？」
「ちがうの、お母さま。わたし、幸せなの。すごく、すごく幸せなの」目をつぶったまま、マルトはつぶやきました。「お願い、ギユメットをここに呼んで。お父さまとお母さまはもうお休みしてね。わたしももう寝るから。わたしね、とっても気分がいいの。本当に気分がいいの」

Elle disait cela de sa voix faible de malade, mais avec un accent qu'elle n'avait jamais eu, et qui sonnait presque gaiement.

Le président fit à sa femme un signe de tête qui voulait dire : « Obéissons ! Allons-nous-en. »

Il mit un baiser sur le front de la fillette, se dirigea vers la porte et appela la servante qui parut aussitôt.

— Marthe désire que nous la laissions ; vous la veillerez. Dès qu'elle se sera endormie, vous viendrez nous prévenir.

Madame Daunoy, après avoir soigneusement bordé le lit, embrassait à son tour la malade.

— Quelque chose me dit que demain tu seras guérie, ma mignonne.

— J'en suis sûre, aussi, articula l'enfant. Bonne nuit, mère !

マルトは病人らしい弱々しい声でそう言いました。けれども、そこにはこれまで一度もなかった調子、ほとんど陽気にさえ聞こえる調子がありました。
　ドノワ氏は夫人に頭を振って合図をしました。〈言うとおりにしようじゃないか。私たちはもう行こう〉
　そしてマルトのおでこにキスをして、ドアに向かうと、ギユメットを呼びました。ギユメットはすぐにやってきました。
「マルトが私たちにもう休んでほしいそうだ。あとは、おまえがついていてくれ。マルトが寝ついたら、すぐに私たちのところへ知らせにくるように」
　ドノワ夫人のほうは、掛け布団がめくれないよう念入りにベッドのふちに折り込んでから、マルトにキスをして言いました。
「なんだか明日には、すっかり元気になっていそうね」

「わたしもそう思うの。絶対に元気になってるって」マルトははっきりとした口調で言いました。「おやすみなさい、お母さま」

Un grand silence figeait de nouveau la chambre. De nouveau l'on n'entendait plus que le fusement léger des bûches dans la cheminée dont Guillemette avait alimenté la flamme, et, dans la basse ville, le tintement continu, mais plus assourdi, des cloches.

Reprise par son rêve dont la trame s'était renouée d'elle-même, après cette courte interruption, Marthe était retombée en extase.

Il lui semblait que, de son passé, montaient des musiques lointaines qui l'appelaient doucement. À ces musiques des voix se mêlaient, et, dans le chœur des voix, une, surtout, flattait son oreille, caressait tout son être. Elle cherchait à distinguer d'où elle pouvait bien venir, et soudain, d'un emmêlement confus de visages, parmi lesquels elle reconnaissait vaguement ceux de son père et de sa mère, il s'en détachait un, celui qu'elle avait vu tantôt, là, près d'elle, la jolie tête blonde aux traits fins, embroussaillée de cheveux couleur d'automne,

そして再び、部屋はしんと静かになりました。少し前までのように、聞こえてくるのは、ギユメットがくべた薪が暖炉の中でぱちぱちと燃える音、それから鐘の音くらいです。町では鐘が鳴りつづけていましたが、音はもう小さくなっていました。

　両親との会話で少し途切れたものの、夢見心地の気分がひとりでに織りなされるのに誘われるまま、マルトは再びうっとりとした気分になりました。
　まるで過去から遠い音楽が聞こえてくるようでした。音楽はマルトを優しく呼んでいます。この音楽には、コーラスの声も混じっていました。そして、その中の一つの声がとりわけマルトの耳をくすぐり、マルトの全身をやさしくなでていました。〈この声はどこからするのかしら〉マルトは見つけ出そうとしました。混沌とした中でたくさんの顔が見え隠れし、お父さまやお母さまの顔もぼんやりと見えました。それから不意に、その混沌の中から一つの顔がくっきりと浮かび上がってきました。それは、さっきここで、すぐ近くで会った少年でした。ほっそりとした顔立ちで、秋のヤナギ色をした金髪はぼさぼさだけれど、その向こうの瞳はきらきらと輝いていて、まるで2つの泉のように澄んでいました。その下では、真っ赤な

avec les yeux clairs, ainsi que deux sources d'eau vive, qui miroitaient au travers, avec les lèvres rouges qui, au-dessous, éclataient comme une fleur de sang.

Et les lèvres susurraient une étrange mélopée, une modulation sans notes, infiniment triste et pourtant d'un charme non moins infini.

Et les yeux versaient sur elle une lumière dans laquelle elle se sentait fondre.

Comment donc avait-il dit qu'il se nommait ? Jean, ah ! oui Jean ! rien que Jean.

— Est-ce que vous le connaissez, Guillemette ?

La bonne, qui sommeillait à demi devant le feu, avait sursauté.

— Qui cela, mademoiselle ?

— Le petit qui est venu tout à l'heure.

唇が血の花のように咲いています。

　少年の唇は、単調な不思議な歌を口ずさんでいました。音程のないその歌は、この上なく悲しいものでしたが、それでもなおこの上なく魅力的なものをたたえていました。

　少年の瞳はマルトに光をそそいでいました。その光の中で、マルトは自分が溶けていくように感じました。

　あの子、名前はなんて言ったかしら？　ジャン！　そう、ジャンよ！　苗字のないただのジャン。

「ギュメット、あの子のこと知ってる？」

　その声に、暖炉の前でうとうとしかけていたギュメットが飛び起きました。

「だれのことですか、お嬢さま？」

「さっき来た男の子のことよ」

— Ma fé ! non, on ne sait jamais d'où ils arrivent, ces petits. On en voit qui passent comme cela, par bandes, en chantant, durant les nuits de Noël ; on dirait qu'ils sortent d'entre les pavés ; on entend claquer leurs sabots, quand ils approchent ; ils vous chantent un hymne et puis s'en vont. Voilà tout.

— Ah !

Une idée qui n'avait fait que traverser l'imagination de Marthe, pendant que le gamin était demeuré à côté d'elle, lui revenait maintenant, et s'imposait irrésistible.

— Est-ce que tu ne m'as pas souvent dit, Guillemette, que Jésus cheminait par les routes en ce pays-ci, le soir de la Nativité ?

— Non ! pas lui, mademoiselle ; il reste dans les églises pour recevoir ceux qui s'empressent autour de sa crèche. Mais on prétend, en effet, qu'il envoie ses amis d'enfance ou ses apôtres dans toutes les directions, avec mission de rassembler les fidèles, d'accompagner

✳ apôtre 使徒

「まさか！　あの子どもたち、どこからやってくるのかまったくわからないんですよ。あんなふうに、クリスマスの夜に徒党を組んで歌いながらこの辺をまわるんです。まるで道の敷石のあいだから出てくるみたいですよ。近くにやってくると、木靴がカタンカタンと音を立てるからわかるんです。あの子たちは歌を歌って、歌ったらどこかに行く。それだけですよ」

「そうなのね！」
　マルトの頭に、少年が近くにいたときにちらっとよぎった考えが、今また舞い戻ってきました。それはどうしようもなく魅力的な考えに思えました。
「ギユメット、よく言ってなかった？　イエス様は毎年クリスマスの夜に、このあたりの道をお歩きになるって」

「いえいえ、イエス様ではありませんよ、お嬢さま。イエス様はクリスマスの日には毎年教会のほうにいらして、ご自身の降誕の場を見ようと詰めかける人々をお迎えになるのです。でも確かに、話では、イエス様は子どもの頃のお友だちや使徒たちを、あちらこちらに遣わすそうですよ。お友だちや使徒たちの使命は、信者たちを集めてくること、健康な者たちを教

les valides jusqu'au porche et d'annoncer sa présence à ceux que la maladie retient chez eux. Des gens qui se rendaient à la messe de minuit ont vu ainsi des étoiles descendre du ciel, et marcher devant eux sous la forme d'anges. D'autres, cloués au lit par des fièvres, ont entendu des voix leur promettre la guérison et se sont senti frôler par des ailes qui les rafraîchissaient. Les bêtes elles-mêmes sont prévenues de la naissance du Sauveur. Elles peuvent exprimer, ce soir-là, en langage humain, toutes les peines que, l'année durant, elles ont gardées sur le cœur, et se soulager, en se les contant entre elles.

L'excellente Guillemette n'eût point tari sur ce chapitre qui constituait pour elle une série d'articles de foi.

Mais, d'une voix haletante, Marthe coupa court au verbiage naïf de sa bonne :

会まで導くこと、それから病気で家から出られない者たちにはイエス様の存在をお教えすることだそうです。そうして、深夜のミサに行った者たちは、星々が天から降りて天使の姿で目の前を歩くのを見るんだそうです。熱のためにベッドから動けない者たちは、治癒を約束する声を聞き、天使の羽にやさしくなでられるのを感じて、生き生きとした気持ちになるそうです。そうそう、動物たちも救世主の誕生を知らされていましてね。この夜だけは、人間の言葉を話すことができるんです。そうして、1年のあいだ心の中に溜め込んできたつらい思いのすべてを口に出し、動物たちどうしで語り合って、気持ちを楽にできるんです」

ギユメットの話は終わりそうもありませんでした。この話題に関しては、固く信じている事柄がいくらでもあるのです。

けれども、マルトはギユメットの素朴なおしゃべりをさえぎると、あえぐような声で言いました。

— Là… sur la console… près de la corbeille… le livre bleu à filets d'or… Vite !

Guillemette se précipita.

Le livre qu'elle rapporta était une gracieuse chose d'étrennes, un Nouveau Testament en gros caractères, à l'usage de l'enfance, avec de belles illustrations coloriées, où luisaient, nimbés d'auréoles éclatantes, tous les personnages de la divine épopée.

Les pages, un peu fatiguées, disaient qu'on avait dû les feuilleter souvent.

Marthe saisit le volume avec une hâte fébrile.

Elle avait redressé son petit torse exténué et se tenait droite sur son séant, comme si le ressort cassé de son pauvre organisme se fût enfin tenu en elle. Guillemette n'en revenait pas, et considérait la malade silencieusement, avec une sorte de stupéfaction. Si c'était pourtant vrai ce qu'avait dit Madame, si Marthe allait guérir, cette nuit, par la volonté du mabic Jésus,

---

* Nouveau Testament 新約聖書　* mabic Jésus（mabicはブルトン語）幼子イエス

「そこに……テーブルの上……かごの近くに……青い本があるでしょう。金の飾りのついた……急いで取って」
　ギユメットはすぐに取りにいきました。
　ギユメットに取ってもらった本は、新年のお祝いにもらった優美な新約聖書でした。子ども向きに作られたもので、大きな活字で印刷されています。色つきのきれいな挿絵もあり、そこには神の物語に登場する人物たちが輝く光輪をつけ、まばゆく描かれていました。

　ページは少々くたびれていて、何度も何度もめくられたにちがいないことがわかります。
　マルトは、はやるような気持ちで聖書を手にしました。
　ぐったりとしていた上半身をベッドに起こし、マルトはまっすぐ座りました。それは、身体の中の壊れたばねがようやく直ってマルトを支えているかのようでした。そんなマルトの様子に、ギユメットはすっかり驚き、あっけにとられたように黙ってマルトを見つめました。〈ひょっとして、奥さまがおっしゃったことは本当なんだろうか。今晩、クリスマスを祝福して、幼子イエス様のご意志で、お嬢さまは治るんだろうか……〉いずれに

en l'honneur de la Noël ! Après tout, en sa qualité de Bretonne, rien ne lui semblait plus naturel qu'un miracle, et, pour qu'il se réalisât, plus vite, elle se plongea dans la causeuse, sortit un chapelet de la poche de son tablier et se mit à rouler les grains entre ses doigts, la tête penchée, les yeux clos, les lèvres à peine murmurantes.

Marthe tournait les feuillets du livre, à la lueur douce de la veilleuse, s'arrêtant pour perler les grosses lignes noires, quand elle croyait tenir le passage cherché. Il se dérobait obstinément, ce passage ; obstinément aussi elle s'acharnait à le découvrir.

Soudain, elle eut un cri de triomphe : elle avait trouvé.

— Guillemette ! fit-elle, approche ton siège... Maintenant, prends ceci, et lis à partir de là... (elle appuyait l'index à l'endroit indiqué)... Va lentement.

Elle s'était recouchée sur le dos, avait refermé les yeux et joint ses mains sur les draps.

* veilleuse 常夜灯

せよ、ギユメットのようなブルターニュの人間にとって、奇跡というのはごく自然なものでした。そこで早く奇跡が起こるようにと、ギユメットは急いでソファーに座り、エプロンのポケットからロザリオを取り出すと、珠を爪繰つまぐりはじめました。頭を垂れ、目は閉じて、唇は小さく祈りをつぶやいています。

　一方、マルトは常夜灯の穏やかな光のもと、聖書のページをめくっていました。そして、探している一節がこのあたりにあると見当をつけると、ページをめくる手を止めて大きな黒い文字を一行ずつ確かめていきました。その一節は、かたくなに姿を現しません。けれども、マルトのほうも、かたくなでした。懸命に探しつづけていったのです。
　と、突然、マルトははしゃいだ声をあげました。ついに見つけたのです。

「ギユメット、いすを持ってこっちに来て……。あのね、この本を持って、ここから読んで」そう言うと、マルトは人差し指で読む場所をさしました。「ゆっくり読んでね」
　マルトは再び横になり、目を閉じました。そして、布団の上で両手を組みました。

Guillemette, obéissante, commença la lecture, débitant les versets évangéliques du ton monotone dont on lit les prières ou la Vie des Saints, le soir, dans les maisons de Basse-Bretagne.

Et le livre disait :

« Or la mère de Jésus, et la sœur de sa mère, Marie, femme de Cléophas, et Marie-Magdeleine étaient debout, près de sa croix.

« Jésus donc voit sa mère, et près d'elle Jean, le disciple qu'il aimait, dit à sa mère : femme, voilà votre fils !...

« Or, après cela, Joseph d'Arimathie demanda à Pilate, qu'il lui permît d'enlever le corps de Jésus. Et Pilate le permit. Il vint donc, et enleva le corps de Jésus.

« Et Nicodème vint aussi, portant un mélange de myrrhe et d'aloès... »

ギユメットはマルトに言われたとおり聖書を読みはじめ、福音の句を抑揚のない声で唱えていきました。ブルターニュの海に近い地方の家々では、夜、そんなふうにして、祈りの言葉や聖人伝を読むのです。
　マルトが読むように言ったのは『ヨハネの福音書』でした。そこにはこうありました。
　《ところで、イエスの十字架のそばには、イエスの母、イエスの母の姉妹、それからクロパの妻マリアとマグダラのマリアが立っていました》

　《イエスは、母を見ました。それから、そのそばに愛する弟子、ヨハネがいるのを見て、母に言いました。「婦人よ、これがあなたの息子です」》

　《さて、その後、アリマタヤのヨセフはイエスの体をおろしたいと、ピラトに頼みました。ピラトはそれを許しました。そこで、ヨセフは行ってイエスの体をおろしました》
　《そして、ニコデモも没薬と沈香を混ぜたものを持ってやってきました》

À mesure que se déroulait le texte sacré, la figure de la petite malade s'éclairait, rayonnait d'une vie céleste ; un rose délicat fleurissait aux pommettes de ses joues ; le long de ses boucles blondes un frisson lumineux courait, le reflet d'un soleil d'ailleurs.

Et, dans une sorte de parole intérieure, dont les sons expiraient au bord de ses lèvres, elle reprenait chacun des mots du récit de l'apôtre, les appliquant à sa propre mort qu'elle sentait doucement venir, s'en servant pour sa Passion à elle, pour sa touchante Passion enfantine. « Oui, Marie et Madeleine étaient là, debout dans la neige, qui chantaient, qui m'appelaient… Et Jean est entré, de la part du bon Dieu, et il m'a regardée et il m'a fait comprendre que je ne souffrirais plus… Et Joseph, Nicodème attendaient pour enlever mon corps… et ils l'ont enlevé, et je n'ai plus eu mal, plus mal du tout… Oh ! oui, petite mère, ils m'ont guérie, les amis de Jésus

✳ Passion 受難

聖書の話が進むにつれ、マルトの顔は晴れやかになり、天上の息吹で輝いていきました。頬の上には優美な色のバラが咲き、金色の巻き毛にはまばゆいほどのきらめきが流れました。それは彼方の太陽に照らされた輝きでした。

　マルトはいわば心の言葉で——唇から外に出る前に、言葉はもう消えてしまっていたのです——聖書の物語の一語一語を繰り返していました。マルトは、死がゆっくりとやってくるのを感じていました。だからこそ、自分が天に召される準備をするために、自分のような子どもが感動に胸を震わせながら天に召されるために、ヨハネの福音書にあるイエスの話の一つ一つを自分自身の死に重ねあわせていったのです。イエスの受難をそれまでの自分の苦しみと、来たるべき死に重ねて……。〈そう、歌を歌った子どもたちには、マリーとマドレーヌがいたわ。２人は雪の中で立っていた。あれは、マリアとマグダラのマリアだったのね。歌ってわたしを呼んでくれていたのね……。それから、ジャンが神さまのおつかいでこの部屋にやってきた。あの子はヨハネだったんだわ。ヨハネはわたしを見て、もう苦しまなくていいんだって教えてくれた……。そして、ジョゼフとニコデムは……いえ、ヨセフとニコデモだわ。あの子たちはわたしの体を運ぶために、待っていてくれたのね。体を運んでもらったから、わたしはもう苦

qui vagabondent par les chemins, la nuit de Noël ! ... Car, c'étaient eux ! c'étaient eux... Oh ! les jolies musiques que j'entends sonner... »

Guillemette continuait à lire, lentement comme on le lui avait recommandé, engourdie par la chaleur du feu, bercée au fredon somnolent de sa voix.

« Ils prirent donc le corps de Jésus et l'enveloppèrent de linges, avec des aromates...

« Or, il y avait, au lieu où il avait été crucifié, un jardin, et dans ce jardin un sépulcre nouveau, où personne n'avait encore été mis... »

* * *

* sépulcre 墳墓

しくなかった。ぜんぜん苦しくなかった……。ええ、そうなのよ、お母さま！　みんながわたしを治してくれたの。イエス様のお友だちが、クリスマスの夜に町のあちこちをさまようイエス様のお友だちが、わたしを治してくれたの。だって、あの子たちがそうだったの。あの子たちがイエス様のお友だちだったの……。ああ、きれいな音楽が聞こえてくる……〉

　ギユメットはマルトに言われたとおり、ゆっくりと聖書を読みつづけていました。暖炉の熱に当てられてぼうっとし、自分の声のまどろむような調子に眠気を誘われながら……。

《そこで、弟子たちはイエスの体をおろし、香とともに亜麻布でくるみました》

《ところで、イエスが十字架にかけられていた場所には庭がありました。その庭には、新しい墓がありました。それまでは、まだだれも葬られていなかった墓でした……》

＊　＊　＊

Dans le jardin de M. le président du tribunal, entre des thuyas arborescents, non loin de la grille qui donne sur la route est une tombe de marbre blanc, avec cette épitaphe :

> Marthe DAUNOY
> 9 ans
> 25 décembre 188...

Quand revient la Noël, des groupes de petits Bretons passent dans la rue en chantant de vieilles hymnes. Volontiers ils stationnent devant la maison, peu engageante pourtant avec ses persiennes fermées et son air de deuil. Dès qu'ils apparaissent, la porte s'ouvre en haut du perron, une bonne en descend, très vite, et leur dit : « Ne chantez pas ! Allez plus loin ! », mais elle laisse couler dans leurs mains une énorme poignée de sous.

✳ tombe　お墓

✶ マルトのクリスマス ✶

　民事裁判所長のドノワ氏の庭には、クロベの木々が茂る中、真っ白な大理石でできたお墓がありました。お墓は道に面した鉄柵からそう遠くないところにあり、墓碑銘にはこう刻まれていました。

マルト・ドノワ
9歳
188＊年12月25日

　今もクリスマスが巡ってくると、物乞いの子どもたちの一団が、古い歌を歌いながら通りを歩いていきます。子どもたちはドノワ氏の家の前で喜んで立ちどまろうとするのですが、家のほうは鎧戸を閉め、喪の悲しみに暮れているようで、あまり歓迎する様子はありません。子どもたちが現れると、すぐさま外階段の上にある玄関の扉が開き、女中が一人すばやく降りてきてこう言います。「歌わないでちょうだいな。向こうへお行きなさい」けれども、そう言いながらも、女中は子どもたちの手に、持ちきれないほどたくさんのお金を握らせてやるのでした。

❄ 作家紹介

　アナトール・ル゠ブラース（Le Braz, Anatole　出生名 Lebras, Anatole Jean François Marie）【1859–1926】は、"ブルトン語を学ぶ・話す"ということが、差別の対象とされていた時代のフランスで、その生涯を文学教師、文学史学者、作家、そしてフランス人のブルターニュ民族学者として過ごした。アメリカやイギリスでの講演活動も多く行っている。ブルトン語を完璧にものにし、ブルトン語での詩作もしているにも関わらず、残念ながらル゠ブラースの出版作品はフランス語のもののみで、しかも、数が少ない。友人の学者フランソワ・マリ・リュゼルと収集したブルターニュの大衆歌を編纂したのをはじめ、単独でも、長年にわたって、ブルターニュ地方の漁民や農民たちに対し、驚くべき根気強さでその土地に伝わる伝説・歌・昔話などの聞き取り調査を行い、それらを分類、分析し、編成し、発表した。その素晴らしい作品の一つが訳されて『ブルターニュ ── 死の伝承』*というタイトルで日本で出版されているのは、日本の民度の高さを明らかにするものでもあり、個人として、実に誇らしく思うものである。レジオン・ドヌール勲章叙勲者。

*後平澪子訳、藤原書店

❄『マルトのクリスマス』をより深く理解するために

　この作品はブルターニュが舞台になっています。ブルターニュは歴史的にも文化的にもフランス国とは長い間独立を保っていた公国で（いまだに保とうとする人もいます！）、言語（ブルトン語）も語源的に全く異なり、文化的にもゲルマンやラテンと異なるケルト文化が色濃く残っていたところです（むしろ、アイルランドやウェールズの文化の方に近い）。イギリスのことをフランス語で"アングルテール"とだけではなく、いまだに"グランド・ブルターニュ"とも呼ぶのは意味のあることなのです。

『マルトのクリスマス』は、フランス語で書かれていますが、書き手のル＝ブラースの"物の見かた"は、決して一般的なフランス人のものではありません。"不思議"や"魔法"、"自然への感謝（信心深さにも通じる）"、"恐ろしいもの"、"死"はすぐそこにあり、恐れではあるかもしれないけど穢れではないもの、神への"恐れ"や"敬い"と共に生きることが当たり前なブルターニュ人としてのル＝ブラースが、書いています。

　この物語の舞台がパリではあり得ないのはそのためです。『マルトのクリスマス』は奇跡の物語ですから、奇跡が起こるような不思議な町でなければなりません。例えて言うなら夜の京都、御所のあたりでしょうか？

　また、登場人物たちの名前も"不思議"の一つです。先にも書いたように、本来はブルターニュ人はフランス人と異なる文化の人たちですから独特の名前を持っていても不思議ではありません。女中のギュメットなどがそうです。ところが、マルトをはじめとして、子供たちはすべてカトリックの聖人たちの名前を持っています。そのうえ、ニコデムという、一般的にはなかなか付けない名前も出てきます。そうです。これはすべて、聖書に出てくるイエス・キリストが磔刑になり、そして十字架から降ろされた時に関わった人々の名前なのです。読み方が異なるのでわかりにくいのですが、マリア・マグダレーナはフランス語ではMarie-Madeleine（マリ・マドレーヌ）、これが日本語だとマグダラのマリア、Joseph（ジョゼフ）はヨセフ、Jean（ジャン）はヨハネ、という風に聖書には書かれています。ですから、新約聖書を読んでご存じの方はマルトがジャンと話をしている最初の場面で「あれ？ もしかしてこれは…？」となられたかもしれません。悲しいお話としてではなく、不思議の国ブルターニュでおきたクリスマスの奇跡として読んでほしい物語です。

LES TROIS MESSES BASSES

三つの読誦ミサ

DAUDET, Alphonse

アルフォンス・ドーデ

クリスマスのミサを前に、バラゲール司祭の心は浮き立っていた。ミサのあと、すばらしいごちそうが待っていると聞いたからだ。その前に3つのミサをあげなければならないが、ごちそうに気をとられてしまったバラゲール司祭はそれどころではなくなって……。『風車小屋だより』の中のユーモアあふれる一篇。

Les Trois Messes Basses
Conte de Noël

I

C'était la nuit de Noël de l'an de grâce mil six cent**.

Le révérend dom Balaguère, ancien prieur des Barnabites, présentement chapelain gagé des sires de Trinquelage, se dépêchait de s'habiller et de préparer la messe de minuit avec l'aide de son petit clerc Garrigou.

Mais même durant ce préparatif à la cérémonie sacrée, dom Balaguère ne put empêcher de demander encore à son clerc :

* révérend　司祭に対する敬称　* chapelain gagé　（お城などの)礼拝堂付きの司祭
* petit clerc　司祭見習い

三つの読誦(どくしょう)ミサ
クリスマスの話

I

　キリスト紀元16＊＊年のクリスマスの夜のことである。
　バラゲール司祭は、クリスマスのミサのため、聖職者見習いのガリグーの手を借りながら、あたふたと着がえをしていた。司祭はかつてはバルナバ会修道院の院長をつとめていたが、現在はトランクラージュ侯爵家に雇われ、侯爵家の礼拝堂つき司祭をしている。今夜は、その侯爵家の礼拝堂で深夜に行うミサの準備を急いでいたのである。
　だが、ミサの用意をしているあいだも、バラゲール司祭はクリスマスのごちそうのことをガリグーに尋ねずにはいられなかった。

— Deux dindes truffées, Garrigou ?...

— Oui, mon révérend, deux dindes magnifiques bourrées de truffes. J'en sais quelque chose, puisque c'est moi qui ai aidé à les remplir. On aurait dit que leur peau allait craquer en rôtissant, tellement elle était tendue...

— Jésus-Maria ! moi qui aime tant les truffes !... Donne-moi vite mon surplis, Garrigou... Et avec les dindes, qu'est-ce que tu as encore aperçu à la cuisine ?...

— Oh ! toutes sortes de bonnes choses... Depuis midi nous n'avons fait que plumer des faisans, des huppes, des gelinottes, des coqs de bruyère. La plume en volait partout... Puis de l'étang on a apporté des anguilles, des carpes dorées, des truites, des...

— Grosses comment, les truites, Garrigou ?

— Grosses comme ça, mon révérend... Énormes !...

— Oh ! Dieu ! il me semble que je les vois... As-tu mis le vin dans les burettes ?

✳ dinde 七面鳥 ✳ faisan キジ ✳ huppe ヤツガシラ鳥 ✳ gelinotte 雷鳥
✳ coq de bruyère 大雷鳥

「トリュフを詰めた七面鳥が２羽と言ったか、ガリグー？」

「はい、司祭さま。たっぷりとトリュフを詰めた見事な七面鳥が２羽です。それについては何でも聞いてください。なにしろ、詰めるのを手伝ったのはこの私なんですから。もうぱんぱんに詰めましたので、皮もぴんと張っているんです。焼いたら、皮がはちきれそうでしたよ」

「ああ、なんと！　トリュフはわしの大好物なのだ。……ふむ、ガリグー、早く祭服を渡してくれるか。それで、七面鳥と、あと調理場にはほかにどんなものがあったのだ？」

「はい、ありとあらゆるごちそうです。キジにヤツガシラにライチョウに、それから大ライチョウなんかもありました。みんなでお昼から羽根をむしりつづけていましたから、いたるところ羽根だらけになりましたよ。それから、魚のほうは、ウナギに金色のコイにマスに……」

「おお、マスはどれくらい大きいのだ、ガリグー？」

「これくらいです、司祭さま。かなりの大ものです」

「ああ、なんと！　目に浮かぶようじゃ。ところで、ミサ用の瓶にぶどう酒は入れてくれたか？」

— Oui, mon révérend, j'ai mis le vin dans les burettes… Mais dame ! il ne vaut pas celui que vous boirez tout à l'heure en sortant de la messe de minuit. Si vous voyiez cela dans la salle à manger du château, toutes ces carafes qui flambent pleines de vins de toutes les couleurs… Et la vaisselle d'argent, les surtouts ciselés, les fleurs, les candélabres !… Jamais il ne se sera vu un réveillon pareil. Monsieur le marquis a invité tous les seigneurs du voisinage. Vous serez au moins quarante à table, sans compter le bailli ni le tabellion… Ah ! vous êtes bien heureux d'en être, mon révérend !… Rien que d'avoir flairé ces belles dindes, l'odeur des truffes me suit partout… Meuh !…

✷ réveillon　クリスマスの大宴会　✷ seigneur　（大）貴族

「はい、司祭さま。入れておきました。ああ、でも……。ミサのぶどう酒も、もうじきお召しになるぶどう酒にはかなわないでしょう。ミサを終えられたあとに召し上がるぶどう酒には……。お城の大広間のテーブルに並ぶぶどう酒ときたら、それはもうすばらしくて、ご覧になったら、きっとびっくりされますよ。赤、白、ロゼ、色とりどりのワインがガラスの瓶になみなみとつがれて、きらめいているんです。それだけじゃありません。テーブルには、銀の食器や彫り飾りのついた大皿、たくさんの花に立派な燭台も並んでいます。これほどのクリスマスの祝宴には、きっと二度とお目にかかれないんじゃないでしょうか。侯爵さまはお近くの貴族の方々を全員招待されているそうで、40人は下らない方々がテーブルにおつきになるそうです。ほかにも、代官のアルノトンさまと公正証書係のアンブロワさまが招かれているようでして……。ああ、司祭さま、司祭さまがその中にいらっしゃるとは、お幸せなことでございます。私などあの見事な七面鳥のにおいをちょっと嗅いだだけなのに、ずっとトリュフの香りが鼻にまとわりついてしまって……。ああ、なんておいしそうなんだ！」

— Allons, allons, mon enfant. Gardons-nous du péché de gourmandise, surtout la nuit de la Nativité… Va bien vite allumer les cierges et sonner le premier coup de la messe ; car voilà que minuit est proche, et il ne faut pas nous mettre en retard…

Et dom Balaguère fit une signe de croix pour se faire pardonner lui et son petit clerc Garrigou, ou du moins ce qu'il croyait être le petit clerc Garrigou, car vous saurez que le diable, ce soir-là, avait pris la face ronde et les traits indécis du jeune sacristain pour mieux induire le révérend père en tentation et lui faire commettre un épouvantable péché de gourmandise. Donc, pendant que le soi-disant Garrigou (hum ! hum !) faisait à tour de bras carillonner les cloches de la chapelle seigneuriale, le révérend achevait de revêtir sa chasuble dans la petite sacristie du château ; et, l'esprit déjà troublé et possédé quelque peu par toutes ces descriptions gastronomiques, il se répétait à lui-même en s'habillant :

* péché de gourmandise 貪食の罪　* diable　悪魔

「これこれ、ガリグーよ。貪食の罪を犯さぬように、気をつけようではないか。とりわけクリスマスの夜にはな……。さてと、すぐにろうそくに火をつけにいってくれるか。それから、ミサを知らせる最初の鐘を鳴らしてくれ。もうすぐ夜中の12時だ。遅れてはならん」

　そう言うと、バラゲール司祭は十字を切って、自身とガリグーの許しを神に乞うた。いや、ガリグーというよりは、その晩に限ってはむしろバラゲール司祭がガリグーだと思っていた者と言うべきかもしれない。というのも、これからおわかりになるだろうが、その晩は、どうも悪魔が目鼻立ちのぼんやりとしたガリグーの丸い顔を借りて、うまいこと司祭を誘惑していたようなのだ。恐ろしくも、司祭が貪食の罪を犯すように……。それはともかく、ガリグーが──いや、自称ガリグーが──侯爵家の礼拝堂の鐘を力いっぱい鳴らしているあいだに、バラゲール司祭はお城の小さな聖具室で上祭服に着がえ終えた。だが、もはや心は千々に乱れ、頭の中はガリグーから聞いたごちそう話にいくらか取りつかれていた。祭服を着ながら、司祭はこんなひとりごとを繰り返していたのである。

— Des dindes rôties... des carpes dorées... des truites grosses comme ça !...

Dehors, le vent de la nuit soufflait en éparpillant la musique des cloches, et, à mesure, des lumières apparaissaient dans l'ombre aux flancs du mont Ventoux, en haut duquel s'élevaient les vieilles tours de Trinquelage. C'étaient des familles de métayers qui venaient entendre la messe de minuit au château. Ils grimpaient la côte en chantant par groupes de cinq ou six, le père en avant, la lanterne en main, les femmes enveloppées dans leurs grandes mantes brunes où les enfants se serraient et s'abritaient. Malgré l'heure et le froid, tout ce brave peuple marchait allègrement, soutenu par l'idée qu'au sortir de la messe il y aurait, comme tous les ans, table mise pour eux en bas dans les cuisines. De temps en temps, sur la rude montée, le carrosse d'un seigneur précédé de porteurs de torches, faisait miroiter ses glaces au clair de lune, ou bien une

※　三つの読誦ミサ　※

「こんがり焼けた七面鳥……金色のコイ……これくらい大きなマス……」

　一方、外では夜風が吹きつけ、鐘の音を四方に散らしていた。トランクラージュ家のお城はヴァントゥー山という山の上にあるのだが、そのヴァントゥー山の暗い山腹には、今やちらちらとした光が次々と現れていた。領内の小作人たちが城の礼拝堂に深夜のミサを聞きにいくため、ランタンを手に、古い塔がいくつもそびえる城を目指してのぼっていたのである。小作人たちはみな、一家の5、6人でかたまって、歌をうたいながら山道を進んでいた。父親が先頭に立ってランタンを持ち、母親は褐色の大きなマントに身を包んでいる。子どもたちは母親のマントの中に身を寄せて寒さをしのいでいた。遅い時間で、しかも身を切るような寒さだというのに、どの一家もみな、楽しげに歩いている。というのも、ミサが終われば、ごちそうが待っていると思うと、元気がわいてきたからだ。毎年、ミサのあとは小作人たちにも下の調理場にごちそうのテーブルが用意されているのである。ときには、険しい山道を、たいまつ持ちが先導するどこかの貴族の豪華な四輪馬車が行き過ぎた。貴族の馬車は、月の光に窓ガラスをきらめかせていく。またときには、ラバが鈴を鳴らしながら駆けていった。それから、小作人たちは、領内の代官アルノトン氏の姿に気づいた。もやが

mule trottait en agitant ses sonnailles, et, à la lueur des falots enveloppés de brume, les métayers reconnaissaient leur bailli et le saluaient au passage :

— Bonsoir, bonsoir, maître Arnoton !

— Bonsoir, bonsoir, mes enfants !

La nuit était claire, les étoiles avivées de froid ; la bise piquait, et un fin grésil, glissant sur les vêtements sans les mouiller, gardait fidèlement la tradition des Noëls blancs de neige. Tout en haut de la côte, le château apparaissait comme le but, avec sa masse énorme de tours, de pignons, le clocher de sa chapelle montant dans le ciel bleu noir, et une foule de petites lumières qui clignotaient, allaient, venaient, s'agitaient à toutes les fenêtres, et ressemblaient, sur le fond sombre du bâtiment, aux étincelles courant dans des cendres de papier brûlé… Passé le pont-levis et la poterne, il fallait, pour se rendre à la chapelle, traverser la première cour, pleine de carrosses, de valets, de chaises à porteurs, toute

かかる中、ランタンの明かりを照らしてアルノトン氏が通るの認めると、みな口々に挨拶をした。

「アルノトンさま、こんばんは」
「やあ、みなさん、こんばんは」
　夜空は晴れて明るかった。きりりとした寒さに星はきらきらと輝いている。寒風が肌を刺し、細かな粒のあられも降っていた。あられは小作人たちの服の上を滑り、服を濡らすことなく地に積もり、今年のクリスマスもいつものように白い雪景色にしてくれた。やがて、小作人たちは山道の先に、ついに目指す城を見た。いくつもの塔や三角にとがった切妻屋根が大きな影となって迫り、濃紺の夜空には、礼拝堂の鐘楼がそびえている。城の窓という窓には小さな光がいくつもまたたき、行ったり来たりして揺れていた。城の黒い影を背に、またたく光はまるで紙が燃えて灰になるときに散る火花のようだった……。やがて、小作人たちはお城の跳ね橋を過ぎ、城壁についた隠し戸をくぐり、礼拝堂へと向かうため、第一の中庭を通っていった。中庭は、四輪馬車やかごがあちこちに置かれ、たくさんの召使であふれている。たいまつで照らされているだけでなく、調理場の火ももれてくるので、とても明るかった。調理場からは、肉を焼く串がガラ

claire du feu des torches et de la flambée des cuisines. On entendait le tintement des tournebroches, le fracas des casseroles, le choc des cristaux et de l'argenterie remués dans les apprêts d'un repas ; par là-dessus, une vapeur tiède, qui sentait bon les chairs rôties et les herbes fortes des sauces compliquées, faisait dire aux métayers comme au chapelain, comme au bailli, comme à tout le monde :

— Quel bon réveillon nous allons faire après la messe !

ガラと回る音、鍋がカタンとたてる音、祝宴の準備のためにクリスタルのグラスや銀食器が運ばれてカチャカチャぶつかる音も聞こえてくる。おまけに、ほんのり温かい湯気まで漂って、肉を焼くおいしそうなにおいや、複雑なソースをいろどる香草のかぐわしいにおいを外まで運んでくるものだから、小作人たちは——いや小作人たちだけでなく、バラゲール司祭も代官のアルノトン氏も誰もかれもが——口をそろえてこう言った。

「ミサが終わったら、どれだけすばらしい祝宴になることか！」

II

Drelindin din !... Drelindin din !...

C'est la messe de minuit qui commence. Dans la chapelle du château, une cathédrale en miniature, aux arceaux entrecroisés, aux boiseries de chêne, montant jusqu'à hauteur des murs, les tapisseries ont été tendues, tous les cierges allumés. Et que de monde ! Et que de toilettes ! Voici d'abord, assis dans les stalles sculptées qui entourent le chœur, le sire de Trinquelage, en habit de taffetas saumon, et près de lui tous les nobles seigneurs invités. En face, sur des prie-Dieu garnis de velours, ont pris place la vieille marquise douairière dans sa robe de brocart couleur de feu et la jeune dame de Trinquelage, coiffée d'une haute tour de dentelle gaufrée à la dernière mode de la cour de France. Plus bas on voit, vêtus de noir avec de vastes perruques en

II

　ガランガラン、ガランガラン！

　深夜のミサが始まった。お城の礼拝堂は、大聖堂を小さくしたような造りになっている。今夜は天井にも壁にもタペストリーがかけられていて、アーチが交差する半円形の天井も、樫(かし)の羽目板が上まで張られている壁も、ずっしりとした布で覆われていた。ろうそくはすべてに火が灯されている。それにしても、なんと大勢の人がいるのだろうか。その装いもまたすばらしかった。まず、正面横の身廊にある、彫刻の施された聖職者席——聖歌隊席を囲むその最上級の席には、トランクラージュ侯爵が座り、サーモンピンク色のつややかなタフタの衣装に身を包んでいる。侯爵の近くには、招待された近隣の貴族たちが全員ずらりと並んでいた。それから正面の最前列、ビロード張りの礼拝椅子には、未亡人の老侯爵夫人が燃えるような赤いブロケード織のドレスを着て腰をかけ、その横では、トランクラージュ侯爵の奥方が、塔かと見まごうほどの高い帽子をかぶって座っていた。奥方の帽子はフランス王の宮廷で流行の先端をゆくもので、模様が美しく浮き出たレースが豊かにかかっている。奥方たちの後ろに

pointe et des visages rasés, le bailli Thomas Arnoton et le tabellion maître Ambroy, deux notes graves parmi les soies voyantes et les damas brochés. Puis viennent les gras majordomes, les pages, les piqueurs, les intendants, dame Barbe, toutes ses clefs pendues sur le côté à un clavier d'argent fin. Au fond, sur les bancs, c'est le bas office, les servantes, les métayers avec leurs familles ; et enfin, là-bas, tout contre la porte qu'ils entrouvrent et referment discrètement, messieurs les marmitons qui viennent entre deux sauces prendre un petit air de messe et apporter une odeur de réveillon dans l'église toute en fête et tiède de tant de cierges allumés.

は、代官のトマ・アルノトン氏と公正証書係のアンブロワ氏が腰かけていたが、2人はひげをそったつるんとした顔に、流行の大きなかつらをのせ、真っ黒な服を着ていた。どこもかしこも目に鮮やかな絹のドレスやブロケード織の豪華な衣装であふれている中、この2人だけは重々しい調子を醸し出している。その後ろには、太った執事に小姓や馬丁や家令、それにバルブ夫人も並んでいた。バルブ夫人は純銀の輪に鍵を全部まとめてつけ、それを脇に下げている。それから、さらに後ろの長椅子には、下男に下女、一家そろってやってきた小作人たちが座っていた。さらに一番奥の扉のあたりには、見習いの料理人たちがそっと扉を開け閉めして中に入って立っていた。見習いたちはソースづくりの合間をぬって、ちょっとミサの雰囲気を味わいにきていたのだ。見習いの料理人たちが入ってくると、礼拝堂にはごちそうのいいにおいも一緒に入ってきた。みなの心が浮き立つ中、おいしそうなにおいが、たくさんのろうそくが灯されてぬくもった空気に混じっていく……。

Est-ce la vue de ces petites barrettes blanches qui donne des distractions à l'officiant ? Ne serait-ce pas plutôt la sonnette de Garrigou, cette enragée petite sonnette qui s'agite au pied de l'autel avec une précipitation infernale et semble dire tout le temps :

— Dépêchons-nous, dépêchons-nous... Plus tôt nous aurons fini, plus tôt nous serons à table.

Le fait est que chaque fois qu'elle tinte, cette sonnette du diable, le chapelain oublie sa messe et ne pense plus qu'au réveillon. Il se figure les cuisiniers en rumeur, les fourneaux où brûle un feu de forge, la buée qui monte des couvercles entrouverts, et dans cette buée deux dindes magnifiques, bourrées, tendues, marbrées de truffes...

さて、見習い料理人たちの白い帽子を見てしまったせいだろうか。バラゲール司祭はミサの途中、何度も上の空になっていた。いや、それよりも、司祭がぼうっとしてしまったのは、ガリグーが鳴らすベルのせいだったのかもしれない。ベルは、祭壇の下であたかも悪魔の誘いのようにあわただしく振られ、チリンチリンとけたたましい音を立てていた。それはミサのあいだ中、こう言っているように聞こえたのである。
「急ぎましょう、急ぎましょう。早く終われば終わるほど、早くごちそうにありつけますよ」
　実際、この悪魔のベルがチリンチリンと鳴るたびに、バラゲール司祭はミサの途中だというのも忘れ、頭の中はごちそうのことでいっぱいになっていた。浮かんでくるのは、喧噪の中で料理をする料理人たち、火があかあかと燃えるかまど、ずらしたふたから上る湯気といったものばかり……。湯気の中には、2羽の見事な七面鳥も見えていた。トリュフがはちきれんばかりにたっぷりと詰められ、その香りがまんべんなくしみ込んだ七面鳥が……。

Ou bien encore il voit passer des files de pages portant des plats enveloppés de vapeurs tentantes, et avec eux il entre dans la grande salle déjà prête pour le festin. Ô délices ! voilà l'immense table toute chargée et flamboyante, les paons habillés de leurs plumes, les faisans écartant leurs ailes mordorées, les flacons couleur de rubis, les pyramides de fruits éclatants parmi les branches vertes, et ces merveilleux poissons dont parlait Garrigou (ah ! bien oui, Garrigou !) étalés sur un lit de fenouil, l'écaille nacrée comme s'ils sortaient de l'eau, avec un bouquet d'herbes odorantes dans leurs narines de monstres. Si vive est la vision de ces merveilles, qu'il semble à dom Balaguère que tous ces plats mirifiques sont servis devant lui sur les broderies de la nappe d'autel, et deux ou trois fois, au lieu de Dominus vobiscum ! il se surprend à dire le Benedicite. À part ces légères méprises, le digne homme débite son office très consciencieusement, sans passer une ligne,

* Dominus vobiscum ! 主は、みなさまと共に * Benedicite 食事の前の感謝の祈り

そうかと思えば今度は、小姓の列がおいしそうな湯気を立てた皿を運ぶ光景も浮かんできた。そして、小姓たちとともに、バラゲール司祭も大広間へと入っていくのだ。大広間では祝宴の準備がすっかり整っている……。ああ、なんという喜びか！　長テーブルにはごちそうがすっかり並び、豪華さに輝いているのだ。美しい羽をしたクジャクや金褐色の翼を広げたキジが飾られ、ルビー色のぶどう酒がなみなみとつがれた瓶が置かれ、緑の枝のあいだには、鮮やかな果物がうず高く積まれている。ガリグーが話していた（そう、例の悪魔のガリグーだ）あのすばらしい魚たちも目に浮かんできた。魚たちはフェンネルの床に乗せられ、水から上がったばかりのように、うろこを真珠色に光らせている。鼻のあたりに差し込まれた香草の束が、えも言われぬ香りを漂わせ……。こんなふうに、ごちそうの様子があまりにありありと浮かんできたので、バラゲール司祭は、頭に描く見事な皿の数々が、目の前の祭壇布の刺しゅうの上に、全部並べられたような気がした。そして、「主は、みなさんと共に」と言う代わりに、思わず「主よ、いただきます」と食前の祈りの言葉を二、三度口にしてしまった。だが、こういったささいな間違いがあったほかは、司祭はミサを丁寧に執り行った。一行たりとも聖句を飛ばさなかったし、ひざまずいて祈るところも一度も省略しなかったのだ。こうして、最初のミサの終

sans omettre une génuflexion ; et tout marche assez bien jusqu'à la fin de la première messe ; car vous savez que le jour de Noël le même officiant doit célébrer trois messes consécutives.

— Et d'une ! se dit le chapelain avec un soupir de soulagement ; puis, sans perdre une minute, il fait signe à son clerc ou celui qu'il croit être son clerc, et…

Drelindin din !… Drelindin din !

C'est la seconde messe qui commence, et avec elle commence aussi le péché de dom Balaguère.

— Vite, vite, dépêchons-nous, lui crie de sa petite voix aigrelette la sonnette de Garrigou, et cette fois le malheureux officiant, tout abandonné au démon de gourmandise, se rue sur le missel et dévore les pages avec l'avidité de son appétit en surexcitation. Frénétiquement il se baisse, se relève, esquisse les signes de croix, les génuflexions, raccourcit tous ses gestes pour avoir plus tôt fini. À peine s'il étend ses bras à l'Évangile,

* génuflexion 跪拝（ひざまずいて礼をする） * Évangile 福音書

わりまではすべてはつつがなく進行した。だが、ご承知のように、クリスマスには同じ司祭が3つのミサを続けて行わなければならない。

「よし、これで一つだな」安堵のため息をつきながら、バラゲール司祭は思った。それから、1分たりとも無駄にはできぬとばかりに、ガリグーに——いや、司祭がガリグーと信じこんでいる者かもしれないが——ともかくガリグーに、二つ目のミサを始める合図をした。
　ガランガラン、ガランガラン！
　二つ目のミサが始まった。そして、ここからバラゲール司祭の罪も始まったのである。
「早く早く、急ぎましょう！」ガリグーの鳴らすベルが、チリンチリンと誘惑の音も高らかに、バラゲール司祭に呼びかける。そして、司祭は今度こそ、貪食の悪魔に身をゆだねてしまった。飛びかかるように祈祷書に向かうや、胸を焦がすほどの食欲が命ずるがまま、むさぼるようにどんどんページをめくっていったのだ。あわただしげに身をかがめたり起こしたり、さっさと十字を切ったりひざまずいたり……。できるだけ早くミサを終わらせたいばかりに、司祭はどの動作も適当にやった。福音書のところはちょろっと腕を広げただけで終わらせ、告白の祈りのところはちょろっと

s'il frappe sa poitrine au Confiteor. Entre le clerc et lui c'est à qui bredouillera le plus vite. Versets et répons se précipitent, se bousculent. Les mots à moitié prononcés, sans ouvrir la bouche, ce qui prendrait trop de temps, s'achèvent en murmures incompréhensibles.

Oremus ps… ps… ps…
Mea culpa… pa… pa…※

Pareils à des vendangeurs pressés foulant le raisin de la cuve, tous deux barbotent dans le latin de la messe, en envoyant des éclaboussures de tous les côtés.

Dom… scum !… dit Balaguère.

… Stutuo !… répond Garrigou ; et tout le temps la damnée petite sonnette est là qui tinte à leurs oreilles,

✻ Confiteor　告白の祈り
※「告白の祈り」全文は p.182 参照

胸を叩いただけで終わらせる。祈りの言葉も早くなった。まるでバラゲール司祭とガリグーでどちらが早口で唱えられるかを競っているようだった。司祭の唱句も、それに応えるガリグーの応唱も、どんどんあわただしく速くなっていったのだ。祈りの言葉はろくに口も開けずに唱えられ、途中でうやむやになっていた。はっきりと話してなどいたら、時間がかかりすぎるからだ。こうして、ミサの文句はよく意味のわからないつぶやきになってしまったのである。

「祈りましょう……いましょ……しょ」

「我が過ちによりて……わまちて……て」

ちょうど、摘み取ったぶどうでぶどう酒をつくろうとする人が、急いで絞るあまり果汁を飛ばしてしまうように、バラゲール司祭とガリグーはミサのラテン語を急いで唱えるあまり、いたるところにおかしな言葉をまきちらした。

「しゅは……さん……もに」バラゲール神父が言うと、ガリグーが答える。

「……たのともに」※ そのあいだも、あの悪魔のベルはチリンチリンと耳元で鳴りつづけていた。それはまるで、駅馬車の馬につける鈴のようだった。

※ 最後は「主は皆さんと共に！そして皆さんの霊と共に！」とありますが、後半だけガリグーがはっきり言います。

comme ces grelots qu'on met aux chevaux de poste pour les faire galoper à la grande vitesse. Pensez que de ce train-là une messe basse est vite expédiée.

— Et de deux ! dit le chapelain tout essoufflé ; puis sans prendre le temps de respirer, rouge, suant, il dégringole les marches de l'autel et…

Drelindin din !… Drelindin din !…

C'est la troisième messe qui commence. Il n'y a plus que quelques pas à faire pour arriver à la salle à manger ; mais, hélas ! à mesure que le réveillon approche, l'infortuné Balaguère se sent pris d'une folie d'impatience et de gourmandise. Sa vision s'accentue, les carpes dorées, les dindes rôties, sont là, là… Il les touche… il les… Oh ! Dieu !… Les plats fument, les vins embaument ; et secouant son grelot enragé, la petite sonnette lui crie :

馬を早駆けさせるため、チリンチリンと鳴る鈴の……。そう、こう思っていただければわかりやすいかもしれない。読誦ミサは、ベルの音に追い立てられて、馬の早駆けもかくやという速さでさっさとすまされたのである。

「よし、これで二つ終わったぞ」司祭は息切れしながら言った。それから、一息いれるのも惜しいとばかりに、真っ赤な顔に汗をびっしょりかいたまま、祭壇の階段を駆けおりた。そして……。

ガランガラン、ガランガラン！

三つ目のミサが始まった。あともう少しがんばれば、大広間のテーブルにたどり着ける。だがしかし……。祝宴が近づけば近づくほど、不幸にもバラゲール司祭はますます食欲に取りつかれ、いてもたってもいられなくなっていた。司祭の目には、ごちそうがはっきりと見えていた。金色のコイが、七面鳥の丸焼きがそこにある……。手を伸ばして、このごちそうを……。おお、なんと！　料理からは湯気が上がり、ぶどう酒はいい香りを漂わせている……。そして、司祭がごちそうを見ているあいだも、悪魔のベルはチリンチリンとけたたましく鈴を震わせながら、こう叫んでいた。

— Vite, vite, encore plus vite !…

Mais comment pourrait-il aller plus vite ? Ses lèvres remuent à peine. Il ne prononce plus les mots… À moins de tricher tout à fait le bon Dieu et de lui escamoter sa messe… Et c'est ce qu'il fait, le malheureux !… De tentation en tentation il commence par sauter un verset, puis deux. Puis l'épître est trop longue, il ne la finit pas, effleure l'évangile, passe devant le Credo sans entrer, saute le Pater, salue de loin la préface, et par bonds et par élans se précipite ainsi dans la damnation éternelle, toujours suivi de l'infâme Garrigou (vade retro, Satanas !) qui le seconde avec une merveilleuse entente, lui relève sa chasuble, tourne les feuillets deux par deux, bouscule les pupitres, renverse les burettes, et sans cesse secoue la petite sonnette de plus en plus fort, de plus en plus vite.

＊escamoter くすねる　＊Vade retro, Satanas！退け悪魔よ！とキリストが言ったセリフを皮肉に使っている

「早く早く、もっと早く!」

だが、どうすればこれ以上早くできるのだろう? 今だって唇はほとんど動かさず、早口になれるだけなって、もう言葉もうやむやであるというのに……。これ以上早くしろというならば、もはやすっかり神を欺いて、ミサをはしょるしか道はない……。そしてなんと、哀れな司祭はその道を選んでしまったのである。バラゲール司祭は次から次へと誘惑に負け、まずは唱句を一節飛ばし、それから2節飛ばしていった。そのあとは、使徒書簡は長すぎるので途中でやめ、福音書はささっとかすめ、信仰宣言はひとことも読まずに飛ばし、ついでに主の祈りも飛ばし、序唱には遠くから手を振るにとどめた。こうして、バラゲール司祭は、めちゃくちゃなミサをやりながら、勢いよく地獄の罰へと突き進んだのである。相も変わらず、ガリグーは(悪魔よ、去れ!)、絶妙な呼吸で司祭を補佐していた。司祭の上祭服をまくり上げ、1ページ飛ばしでページをめくり、書見台を突き飛ばし、ミサ用のぶどう酒の瓶をひっくり返し……。そして、ひっきりなしにあの悪魔のベルを振り鳴らすのだ。ますます激しく、ますます早く……。

Il faut voir la figure effarée que font tous les assistants ! Obligés de suivre à la mimique du prêtre cette messe dont ils n'entendent pas un mot, les uns se lèvent quand les autres s'agenouillent, s'asseyent quand les autres sont debout ; et toutes les phases de ce singulier office se confondent sur les bancs dans une foule d'attitudes diverses. L'étoile de Noël en route dans les chemins du ciel, là-bas, vers la petite étable, pâlit d'épouvante en voyant cette confusion…

— L'abbé va trop vite… On ne peut pas suivre, murmure la vieille douairière en agitant sa coiffe avec égarement.

一方で、参列している人々の顔もなかなかだった。みな、そろいもそろってびっくりした顔をしていたのだ。司祭が何を言っているのか、ひとこともわからないまま、それでも司祭の身振りにしたがって、一緒に立ったり座ったりしなければならない。そういうわけで礼拝堂は、こちらで立ち上がる人がいるかと思えば、あちらで誰かがひざまずき、こちらで座る人がいるかと思えば、あちらで誰かが立っている、というおかしなことになっていた。バラゲール司祭が奇妙なミサの言葉を唱えるせいで、参列していた人々はてんでばらばらな動作をし、大混乱になっていたのだ。ちなみに、クリスマスの星は、幼子の厩(うまや)へと進む途中に天上からこれを見て、あまりの混乱ぶりに胸を痛めて青ざめてしまったという……。
　「司祭さまときたら早すぎて……。これでは、ついていけないわ」未亡人の老侯爵夫人が、うろたえて帽子を振りながらつぶやいた。

Maître Arnoton, ses grandes lunettes d'acier sur le nez, cherche dans son paroissien où diantre on peut bien en être. Mais au fond, tous ces braves gens, qui eux aussi pensent à réveillonner, ne sont pas fâchés que la messe aille ce train de poste ; et quand dom Balaguère, la figure rayonnante, se tourne vers l'assistance en criant de toutes ses forces : Ite missa est, il n'y a qu'une voix dans la chapelle pour lui répondre un Deo gratias si joyeux, si entraînant, qu'on se croirait déjà à table au premier toast du réveillon.

＊Ite missa est（ラテン語で）ミサは終わった　＊Deo gratias（ラテン語で主に）感謝せよ　＊toast 乾杯の意。焼いた小さなパンをぶどう酒に入れて乾杯したことから。porter le toastという。

代官のアルノトン氏は、鋼のふちの大きな鼻めがねをすかしながら「いやはや、今はどのあたりをやっているのだろう」と祈祷書を追って探している。だが実のところ、礼拝堂に集まったこの善良な人々も心の奥底ではみな、やっぱりごちそうのことを考えていた。そういうわけで、ミサが駅馬車の馬のごとく駆け足で進んでも、誰も腹を立てなかったのだ。そして、ついにバラゲール司祭が晴れやかな顔つきでみなのほうを向き、力いっぱい「行きなさい。これでミサは終わりです！」と叫んだとき、みなの声は一つになって礼拝堂に大きく響いた。「主に感謝します！」その声はなんとも嬉しそうで活気に満ちていたので、まるでもうみんな祝宴のテーブルについて、最初の乾杯をしているようだった。

III

Cinq minutes après, la foule des seigneurs s'asseyait dans la grande salle, le chapelain au milieu d'eux. Le château, illuminé de haut en bas, retentissait de chants, de cris, de rires, de rumeurs ; et le vénérable dom Balaguère plantait sa fourchette dans une aile de gelinotte, noyant le remords de son péché sous des flots de vin du pape et de bon jus de viandes. Tant il but et mangea, le pauvre saint homme, qu'il mourut dans la nuit d'une terrible attaque, sans avoir eu seulement le temps de se repentir ; puis, au matin, il arriva dans le ciel encore tout en rumeur des fêtes de la nuit, et je vous laisse à penser comme il y fut reçu.

III

　それから5分後、貴族たちは大広間のテーブルに着席していた。もちろん、バラゲール司祭もそのお仲間の一人である。お城は上から下までこうこうと照らされ、歌声や楽しげな叫び声、笑い声やざわめきであふれていた。バラゲール司祭はといえば、ライチョウの手羽にフォークを刺しているところだった。犯した罪にちくりと胸は痛んだものの、そんな良心の呵責も、シャトーヌフ・デュ・パプの上等なぶどう酒やしたたる肉汁を前にすれば吹き飛んでしまい、ぶどう酒や肉汁と一緒に流してしまっていた。こうして、司祭はたらふく飲んでたらふく食べた。ところが、そんなふうにたらふく飲み食いしたせいで、その夜のうちにひどい発作に襲われた。そして、悔い改めるひまもなく死んでしまったのである。あくる日の朝、バラゲール司祭はクリスマスイブのお祝いでまだざわついている天上に着いた。だが、そこでどんな出迎えを受けたかはご想像におまかせしよう。ともかく、司祭を前に、万物の主たる神は言った。

— Retire-toi de mes yeux, mauvais chrétien ! lui dit le souverain Juge, notre maître à tous. Ta faute est assez grande pour effacer toute une vie de vertu… Ah ! tu m'as volé une messe de nuit… Eh bien ! tu m'en payeras trois cents en place, et tu n'entreras en paradis que quand tu auras célébré dans ta propre chapelle ces trois cents messes de Noël en présence de tous ceux qui ont péché par ta faute et avec toi…

… Et voilà la vraie légende de dom Balaguère comme on la raconte au pays des olives. Aujourd'hui le château de Trinquelage n'existe plus, mais la chapelle se tient encore droite tout en haut du mont Ventoux, dans un bouquet de chênes verts. Le vent fait battre sa porte disjointe, l'herbe encombre le seuil ; il y a des nids aux angles de l'autel et dans l'embrasure des hautes croisées dont les vitraux coloriés ont disparu depuis longtemps. Cependant il paraît que tous les ans, à Noël, une lumière surnaturelle erre parmi ces

＊　三つの読誦ミサ　＊

「不信心者よ、我が目の届かないところに行くがよい。そなたは大きな罪を犯したのだ。徳を積んだ人生をまるまる一つ、帳消しにするほど大きな罪をな。よりによって、そなたはクリスマスの夜のミサを怠り、我が目を欺いた。よろしい、代わりにきちんとしたミサを300回あげ、罪を償うがよい。300のクリスマスのミサをやり終えねば、天国には迎えてやらぬ。そなたの過ちのせいで罪を犯したすべての者、共に罪を犯すことになったすべての者たちを前に、あの礼拝堂で300のミサをあげるのだ……」

　以上が、オリーブの実のなる地方で実際に言い伝えられているバラゲール司祭の話である。現在ではもうトランクラージュのお城はなくなってしまった。だが、今なお礼拝堂はヴァントゥー山の上に残り、緑の樫(かし)の木立の中に立っている。廃墟となった礼拝堂では、風がはずれかけた扉をがたがたと揺らし、入り口の前には雑草が生い茂っている。祭壇のすみや、上のほうの窓枠にぽっかりあいた穴には、鳥が巣をつくっている。窓枠の穴のところには、かつては彩色されたステンドグラスがあったというが、とうの昔になくなっていた。しかしながら、毎年クリスマスになると、この崩れかけた礼拝堂には、この世のものとは思えない不思議な光がさまようらしい。そして、農夫たちはミサやクリスマスの宴会に向かう途中、目に

ruines, et qu'en allant aux messes et aux réveillons, les paysans aperçoivent ce spectre de chapelle éclairé de cierges invisibles qui brûlent au grand air, même sous la neige et le vent. Vous en rirez si vous voulez, mais un vigneron de l'endroit, nommé Garrigue, sans doute un descendant de Garrigou, m'a affirmé qu'un soir de Noël, se trouvant un peu en ribote, il s'était perdu dans la montagne du côté de Trinquelage ; et voici ce qu'il avait vu… Jusqu'à onze heures, rien. Tout était silencieux, éteint, inanimé. Soudain, vers minuit, un carillon sonna tout en haut du clocher, un vieux, vieux carillon qui avait l'air d'être à dix lieues. Bientôt, dans le chemin qui monte, Garrigue vit trembler des feux, s'agiter des ombres indécises. Sous le porche de la chapelle, on marchait, on chuchotait :

— Bonsoir, maître Arnoton !

— Bonsoir, bonsoir, mes enfants !…

✻ en ribote　きこしめしすぎた

見えないろうそくが火を灯し、この不思議な礼拝堂をぼうっと照らすのを目にするそうだ。火は、吹きさらしの中で、雪が降ろうと風が吹こうと灯っているのだという。そんなばかなと笑いたいなら、笑ってもらってかまわない。だが、この土地のぶどう農夫でガリーグという男が（ちょっとつづりは違うが、おそらくあのガリゴーの子孫だろう）、この話を裏づけるような話を私にしてくれたことがある。ある年のクリスマスの晩、ガリーグは少々酒に酔って、トランクラージュ家のお城があったあたりの山中で道に迷ってしまったそうなのだが、そのときに不思議なものを見たというのだ。以下は、ガリーグの体験したことである。

　11時まではとり立てて変わったことはなかった。あたりはしんと静まり、真っ暗で、動くものも何もなかった。ところが午前零時が近づくと、突然、鐘楼の上で鐘が高らかに鳴りだした。かなり古い鐘だったが、10里先にも聞こそうなほどの音だった。それからまもなく、ガリーグは山道に火がいくつも揺らめき、ぼんやりとした人影がいくつも動くのを見た。人影は礼拝堂の入り口をくぐりながら、こんなふうにささやいていた。

　「アルノトンさま、こんばんは」
　「やあ、みなさん、こんばんは」

Quand tout le monde fut entré, mon vigneron, qui était très brave, s'approcha doucement, et regardant par la porte cassée eut un singulier spectacle. Tous ces gens qu'il avait vus passer étaient rangés autour du chœur, dans la nef en ruine, comme si les anciens bancs existaient encore. De belles dames en brocart avec des coiffes de dentelle, des seigneurs chamarrés du haut en bas, des paysans en jaquettes fleuries ainsi qu'en avaient nos grands-pères, tous l'air vieux, fané, poussiéreux, fatigué. De temps en temps, des oiseaux de nuit, hôtes habituels de la chapelle, réveillés par toutes ces lumières, venaient rôder autour des cierges dont la flamme montait droite et vague comme si elle avait brûlé derrière une gaze ; et ce qui amusait beaucoup Garrigue, c'était un certain personnage à grandes lunettes d'acier, qui secouait à chaque instant sa haute perruque noire sur laquelle un de ces oiseaux se tenait droit tout empêtré en battant silencieusement des ailes…

ガリーグはかなり勇気があったので、人影がみんな中に入ってしまうと、入り口にそっと近づいた。そして、壊れた扉から中をのぞき、奇妙な光景を目にした。さっき通り過ぎていった人影が、崩れた身廊にある聖歌隊席を囲むように、きちんと並んで腰かけているのだ。あたかも昔の椅子がまだそこにあるかのように……。美しいご婦人方はブロケード織のドレスを着てレースの帽子をかぶり、貴族の男たちは目に鮮やかな衣服で全身を包んでいた。また、農夫たちは、私たちの祖父が着ていたような、花を胸にさしたモーニングコートを着ていた。どの人影も年を取っていて、しなびて、ほこりっぽくて、くたびれたふうをしていた。いつもは礼拝堂の主である夜の鳥が数羽、この不思議な光で目を覚まし、ときどきろうそくのまわりを飛びにきた。ろうそくの炎はまっすぐ上にのびていたが、まるで薄布の向こうで燃えているように、ぼうっとかすんで見えていた。ガリーグが特におもしろいと思ったのは、鋼のふちの大きな鼻めがねをかけ、高いかつらをつけた人物だった。この人物は、たえず頭を振っては黒いかつらを揺らしていたが、かつらの上には夜の鳥が一羽、とまっていたのだ。しかも、鳥はかつらの毛に足をとられてしまったようで、静かに羽をばたつかせていた……。

Dans le fond, un petit vieillard de taille enfantine, à genoux au milieu du chœur, agitait désespérément une sonnette sans grelot et sans voix, pendant qu'un prêtre, habillé de vieil or, allait, venait devant l'autel en récitant des oraisons dont on n'entendait pas un mot… Bien sûr, c'était dom Balaguère, en train de dire sa troisième messe basse.

そして、礼拝堂の奥では、子どものように小柄な老人が聖歌隊席の真ん中にひざまずき、ベルを必死になって振っていた。といっても、ベルには鈴がついていないので、音は鳴っていなかった。一方で、老人がベルを振るあいだ、祭壇の前では古金色の祭服を着た司祭が行ったり来たりしていた。祈りの言葉を唱えているようだったが、こちらもひとことも聞こえてこない。もちろん、それは三つ目の読誦ミサをあげているバラゲール司祭だったのである。

❄ 作家紹介

アルフォンス・ドーデ（DAUDET, Alphonse）【1840–1897】は、フランスの作家。

鋭い人間観察とある種の社会的弱者に対する同情心を描き出しながらも、決して暗くなり過ぎない作品を多く残した。幼年期を過ごした南フランスを舞台とした短編集『風車小屋だより』や"愛すべき南フランスミニチュア版ほら吹き男爵"ともいえる『タラスコンのタルタランの驚嘆すべき冒険』3部作は今なお読み継がれている。

日本では教科書にも採用された『最後の授業』や『風車小屋だより』の一作『アルルの女』をビゼーが戯曲にしたことでも有名である。

❄『三つの読誦ミサ』をより深く理解するために

『三つの読誦ミサ』は、『風車小屋だより』の30篇中でも有名な1作。

まず本来、ミサとは何かを簡単に説明しておきましょう。ミサの語源は閉祭の挨拶にラテン語で Ite, missa est（行きなさい、祭儀は終わりました）と告げたことからです。

カトリックにとって"ミサ"はキリストの十字架へかけられた犠牲とその復活の奇跡を意識し、そしてそのことへの感謝を捧げる一番重要な祭儀です。つまりミサは、通常、主の決められた安息日、つまり日曜日に信徒は教会にあつまり、1週間の各々の身の来し方を問い、キリストが十字架に架けられたその前日の"最後の晩餐"の再現である"聖体の秘跡（聖体の変化と聖体授与）"を授かることで、キリストと共に父なる神に家族みんなで感謝をささげ、新たな1週間をおくる力を授かることを祈る日と場を示します（日曜日でないこともあります）。したがって聖体の秘跡がない時はミサとは言わず、"礼拝"と言います。

そしてミサ自体に、大きく分けて歌を伴う「歌ミサ Messe chantée」と「読誦ミサ Messe basse」があるのです。
　では、なぜクリスマスには（キリストのミサ＝クリスマス）ミサを3回行うのでしょうか？ 聖トマス・アクィナスの説によりますとイエス・キリストは「三度、お生まれになった存在だから」ということです（以下意訳）。

> 「一度目は私たちの目には見えぬ永遠の存在として。神が言われたもう：汝は我の子、今日、この時から。だから夜、ミサを歌うのです」
> 「二度目は私たちの時代に、でも、魂の中に明けの星として。光が今日、私たちに降り注ぐでしょう。だから夜明けにミサを歌うのです」
> 「三度目は私たちの時代に、そして肉体をもって。母なる身の御胸に抱かれて私たちの目にも見える存在として。だから光のもとに喜びのミサを歌うのです。私たちのもとに御子が生まれたと」

　この『三つの読誦ミサ』はドーデと同じく南フランスを愛してやまなかったマルセル・パニョルが監督して素晴らしい映画を残しています。その作品では、ラストは原作とは異なり、ドン・バラゲールが「せっかくだから、最後は Messe chantée にしよう！」と Messe basse で終わらせません。ユーモラスで明るく、さあ！ みんなでこれから、天国行くだぞ〜！と、なんとなく疲れている信徒を励ましているドン・バラゲールには、明るい南フランス人気質がにじみ出ている感じがします。

※解説は以下を参考にしました。
　Nobelprize.org、世界文学大辞典（集英社）、新約聖書

p.160 「告白の祈り」の全文は以下のとおり。
青字が本文中で実際に唱えた部分です。

Confiteor Deo omnipotenti,
beatæ Mariæ semper Virgini,
beato Michæli Archangelo,
beato Ioanni Baptistæ,
sanctis Apostolis Petro et Paulo,
omnibus Sanctis,
et tibi, pater,
quia peccavi nimis cogitatione,
verbo et opere:
mea culpa, mea culpa, mea maxima culpa.
Ideo precor beatam Mariam semper Virginem,
beatum Michælem Archangelum,
beatum Ioannem Baptistam,
sanctos Apostolos Petrum et Paulum,
omnes Sanctos, et te, pater,
orare pro me ad Dominum Deum nostrum.

結びの言葉のやり取りは、以下の通りです。
青字がはっきり言っている箇所です。

司　　祭： Dominus Vobiscum！ 主は皆さんと共に！
ガリグー： Et cum spiritu tuo！ そして皆さんの霊と共に！

日仏対訳 クリスマスの3つの物語
Trois Contes de Noël

2016年12月5日　第1刷発行

フランス語　西村亜子
日　本　語　坂田雪子

発 行 者　浦　　晋亮

発 行 所　IBCパブリッシング株式会社
　　　　　〒162-0804 東京都新宿区中里町29番3号 菱秀神楽坂ビル9F
　　　　　Tel. 03-3513-4511　Fax. 03-3513-4512
　　　　　www.ibcpub.co.jp

印 刷 所　株式会社シナノパブリッシングプレス

© IBC Publishing. Inc. 2016

Printed in Japan

落丁本・乱丁本は、小社宛にお送りください。送料小社負担にてお取り替えいたします。
本書の無断複写（コピー）は著作権法上での例外を除き禁じられています。

ISBN978-4-7946-0448-4